Boris Hayrapetian

Von Dave zu Hans Ulrich

Boris Hayrapetian

Von Dave zu Hans Ulrich

Handlungsempfehlungen für die Kompetenzentwicklung von HR Business Partnern

Trainerverlag

Impressum/Imprint (nur für Deutschland/only for Germany)
Bibliografische Information der Deutschen Nationalbibliothek: Die Deutsche Nationalbibliothek verzeichnet diese Publikation in der Deutschen Nationalbibliografie; detaillierte bibliografische Daten sind im Internet über http://dnb.d-nb.de abrufbar.

Coverbild: www.ingimage.com

Verlag: Der Trainerverlag ist ein Imprint der
Südwestdeutscher Verlag für Hochschulschriften GmbH & Co. KG
Heinrich-Böcking-Str. 6-8, 66121 Saarbrücken, Deutschland
Telefon +49 681 37 20 271-1, Telefax +49 681 37 20 271-0
Email: info@verlag-trainer.de

Herstellung in Deutschland:
Schaltungsdienst Lange o.H.G., Berlin
Books on Demand GmbH, Norderstedt
Reha GmbH, Saarbrücken
Amazon Distribution GmbH, Leipzig
ISBN: 978-3-8417-5039-6

Imprint (only for USA, GB)
Bibliographic information published by the Deutsche Nationalbibliothek: The Deutsche Nationalbibliothek lists this publication in the Deutsche Nationalbibliografie; detailed bibliographic data are available in the Internet at http://dnb.d-nb.de.

Cover image: www.ingimage.com

Publisher: Trainerverlag
is an imprint of the publishing house
Südwestdeutscher Verlag für Hochschulschriften GmbH & Co. KG
Heinrich-Böcking-Str. 6-8, 66121 Saarbrücken, Deutschland
Phone +49 681 37 20 271-1, Fax +49 681 37 20 271-0
Email: info@verlag-trainer.de

Printed in the U.S.A.
Printed in the U.K. by (see last page)
ISBN: 978-3-8417-5039-6

Deggendorf University of Applied Sciences

Von Dave zu Hans Ulrich

Handlungsempfehlungen

zur Kompetenzentwicklung von HR Business Partnern

MBA Masterarbeit

Erstgutachter: Prof. Dr. Falk Pößnecker

Zweitgutachter: Prof. Dr. Thomas Bartscher

vorgelegt von:

Boris Hayrapetian

Altdorfer Str.31

92318 Neumarkt/Opf.

Abgabedatum:

09.01.2012

INHALTSVERZEICHNIS

Danksagung

Mein Dank gilt zunächst Prof. Falk Pößnecker und Prof. Thomas Bartscher, die mich beide zum Thema dieser Untersuchung ermutigt und dabei in anregenden Diskussionen begleitet und unterstützt haben.

Danken möchte ich für die Offenheit aller Interviewpartner – ohne sie wären ein kritischer Diskurs und die Ergebnisse dieser Untersuchung nicht möglich gewesen. Aufgrund der zugesicherten Anonymisierung erwähne ich nur die Namen derer, die mir dies erlaubt haben. – stellvertretend für alle anderen -

Martin Claßen, Dr.Marcel Oertig, Prof. Jürgen Deller und Hans Jürgen Krieg.

Weiterhin bedanke ich mich bei Jens Riemer Schinkel, der mir viele wertvolle Hinweise und provokative Thesen auch über die Forschungsthematik hinaus mitgegeben hat.

Doch am meisten danke ich meiner Frau Catherine. Sie hat mir über Monate den Rücken frei gehalten und gestärkt, Mut zugesprochen und mich pragmatisch liebevoll kritisiert. Sie ist mir Ansporn und Muse zugleich.

Ihr widme ich diese Arbeit.

Tabellen und Abbildungsverzeichnis

Abkürzungsverzeichnis

BPM	Bundesverband der Personalmanager
CLC	Corporate Leadership Council
CoE	Centre of Expertise
D-A-CH	Deutschland – Österreich - Schweiz
ESS	Employee Self Service
FH	Fachhochschule
GF	Geschäftsfeld
GL	Geschäftsleitung
HR	Human Resource
HR BP	Human Resource Business Partner
HRM	Human Resource Management
HS	Hochschule
IPMA-HR	International Public Management Association-HR
KPI	Key Performance Indicator
OE	Organisationsentwicklung
OPM	Office of Personell Management
OPQ 32	Occupational Personality Questionaire 32
PE	Personalentwicklung
PL	Personalleitung
PR	Personalreferent
PWC	Price Waterhouse Cooper
SOS	Steuerung – Operation – Service
SPSS	Statistiksoftware der Fa. SPSS
SSC	Shared Service Centre
TPC	Technical-Political-Cultural
ZfU	Zentrum für Unternehmensführung

1 Einleitung

Kaum ein anderes HR Modell ist in den letzten Jahren so vielfältig zitiert, erprobt, erweitert, verändert und implementiert worden, wie das HR Business Partner Modell von Dave Ulrich. In seinem mittlerweile legendär gewordenen Buch „Human Resource Champions[1]: The next Agenda for Adding Value and Delivering Results" formuliert er erstmalig 1997 sein Modell. Er fordert darin nicht weniger als eine radikale Abkehr vom Status Quo; als den Auftrag an alle Personalabteilungen, einen erkennbaren und somit auch messbaren Beitrag zur Wertschöpfung der Unternehmen zu leisten.

Der Beitrag zur Wertschöpfung des professionellen Personalwesens steht im Zentrum.

Dieser Ruf nach mehr Beitrag zur Wertschöpfung war zwar nicht neu; andere Autoren hatten dies auch gefordert[2], doch niemandem war es gelungen, diesen Apell so erfolgreich und nachhaltig in der HR Welt zu platzieren und damit weitere HR Modelle und vor allem HR Transformationsprozesse in der Praxis anzuregen.

Dave Ulrich formuliert in diesem Modell vier Rollen, die in ihrer Gesamtheit den HR Business Partner ausmachen: Strategic Partner, Change Agent, Employee Champion und Administrative Expert. Einer der wesentlichen Treiber für eine HR-Transformation ist dabei die Einführung einer auf strategische Beratung und Change Management ausgerichteten HR Businesspartner-Organisation. Die damit verbundenen Aufgaben stellen große persönliche und fachliche Herausforderungen für die HR-Businesspartner.

In dieser Untersuchung werden die persönlichen und fachlichen Anforderungen der Strategic Partner als HR Business Partner im Fokus stehen. Nach mehr als zehn Jahren Erfahrungen in der Implementierung dieser Rolle und nach vielen Transformationsprozessen in Unternehmen, sollen Handlungsempfehlungen für die Akteure rund um den Strategic Partner entwickelt werden. Dabei steht die Fähigkeit, strategisch zu denken und zu handeln im Zentrum der Aufmerksamkeit.

Die entwickelten Handlungsempfehlungen richten sich an Hochschulen, die sich mit neuen Studiengängen bemühen, ein klares Kompetenzprofil des HR BP zu stärken. Weiterhin richten sie sich an Personalberater, die Unternehmen in ihrem HR Transformationsprozess begleiten und helfen, das Rollenprofil von HR BP zu schärfen. Und schließlich sollen die Handlungsempfehlungen auch Unternehmen darin unterstützen, im HR Transformationsprozess erfolgreiche Auswahl- und

[1] Vgl. Ulrich, D., 1997: Human Resource Champions
[2] Vgl. Wunderer, R., 1992: Von der Personaladministration zum Wertschöpfungscenter

Entwicklungskriterien für zukünftige HR BP zu generieren – mit besonderem Fokus auf ihre strategischen Kompetenzen.

Doch bevor dies geschieht, sollen zunächst vier grundsätzliche Vorüberlegungen für den zentralen Apell von Dave Ulrich sensibilisieren.

1.1 Vier Vorüberlegungen

Damit der Anspruch nach stärkerem Beitrag zur Wertschöpfung der Unternehmen, von Dave Ulrich in seiner historischen Bedeutung deutlicher wird, möchte der Autor zunächst vier Vorüberlegungen voranstellen:

- Was sind die Grundfunktionen von Personalmanagement?
- Wie haben sich die Aufgaben von Personalmanagement im Laufe der letzten 60 Jahre verändert?
- Was ist Wertschöpfung?
- Wie kann der Beitrag von HR Management zur Wertschöpfung von Organisationen gemessen werden?

1.1.1 Grundfunktionen von Personalmanagement

Über die Funktionen und deren Wandlung im Personalmanagement ist in den letzten Jahren viel geschrieben worden. Der Autor nimmt aus der Vielzahl der Lektüre (Vgl. Lattmann[3],Wunderer[4]) einen ihm wesentlich erscheinenden Aufsatz der Autoren Martin und Bartscher-Finzer[5]heraus. Die Autoren beschreiben die Grundfunktionen von Personalmanagement – also Funktionen, die über den Wandel der Zeit stabil bleiben. Das schafft für Personaler einen guten Orientierungsrahmen.

Sie stellen auf der Basis systemtheoretischer Überlegungen im Wesentlichen drei Grundanforderungen heraus, denen jede Organisation folgen muss.[6](Martin, 2001).

1. Bei Organisationen handelt es sich um Zweckgebilde; sie werden bewusst geplant und gestaltet. Leistungen müssen erbracht werden. Nur aus den Leistungen einer Organisation resultieren ihre Möglichkeiten, die Interessen der Teilnehmer an der Organisation zu befriedigen.

2. Organisationen sind soziale Systeme, die auf Dauer angelegt sind. Damit müssen die Gesetzmäßigkeiten des sozialen Miteinanders beachtet und für eine stabile Kooperation gesorgt werden.

3. Die Aufgabenumwelt einer Organisation verändert sich ständig. Eine Organisation muss in der Lage sein, zu lernen und sich den Veränderungen angemessen anzupassen.

---

[3] Vgl. Lattmann, C., 2003
[4] Vgl. Wunderer, R und Dick, P., 2007
[5] Vgl. Martin, A & Bartscher-Finzer , 2005
[6] Vgl. Martin, A., 2001

Die Aufgabe des Managements und insbesondere des Personalmanagements besteht daher vor allem darin, die Organisation bei der Erfüllung der genannten Grundanforderungen Leistung, Kooperation und Lernen zu unterstützen.

Diesen drei Anforderungen lassen sich jeweils zwei Grundfunktionen zuordnen[7]. Die Leistungserfüllung wird durch Anreiz- und Kontrollmechanismen gefördert. Die Kooperationssicherung ist eine Frage von Integration und Sozialisation. Die dynamische Seite von Organisationen ergibt sich wesentlich aus der Gestaltung der Aufgaben. Sie wird maßgeblich vorangetrieben von den Fähigkeiten und Motivationen der Akteure in einer Organisation und damit von der Selektion der Mitglieder.

Jede Organisation muss Lösungen für diese sechs Grundfunktionen finden und die Aufgabe von Personalmanagement besteht darin, diese Grundfunktionen erfolgreich zu unterstützen.

Anforderungen	**Grundfunktionen**	
Leistung	Anreize Anreize und Beiträge müssen einander entsprechen	Kontrolle Mitarbeiter müssen geleitet und koordiniert werden
Kooperation	Integration Mitarbeiter sollen ihre Freiräume im Sinne der Organisation nutzen	Sozialisation Mitarbeiter müssen die Arbeits- und Sozialregeln lernen und akzeptieren
Lernen	Selektion Geeignete Mitarbeiter müssen gefunden und gewonnen	Aufgabengestaltung Aufgaben müssen Mitarbeiter-gerecht und integrativ gestaltet werden

Tabelle 1: Grundfunktion von Personalmanagement nach A. Martin

Der Autor ist überzeugt, dass das Verständnis dieser Grundfunktionen dem Strategic Partner sowie auch jedem Personaler als Orientierungsrahmen helfen wird, wenn er vor konkrete (strategische) Herausforderungen gestellt wird.

[7] Vgl. Martin, A., 2001

1.1.2 Veränderungen der Personalfunktion

Das Personalwesen in Deutschland kann erst auf eine 50 jährige Wissenschaftsgeschichte weisen und ist damit eine vergleichsweise sehr junge wissenschaftliche Disziplin. Erst 1961 wurde von August Marx[8]der erste Lehrstuhl für Personalwesen und Arbeitswissenschaft im deutschsprachigen Raum an der damaligen Wirtschaftshochschule (und heutigen Universität) Mannheim eingerichtet.

„Personalabteilungen hatten nach dem zweiten Weltkrieg in erster Linie die Funktion, die zwischen sozialpartnerschaftlich ausgehandelten Regelwerke und den betriebsinternen Erfordernissen einen Ausgleich zu finden. „Diese Funktion als ordnungsstiftender Mittler zwischen heiklen, konfliktbeladenen Interessenslagen innerhalb und außerhalb des Unternehmens hat dem traditionellem Personalwesen zwar eine subtile Machtposition verschafft, ihm aber auch die wenig geliebte Rolle des Durchsetzers von ordnungspolitischen Kompromissen verschafft, mit denen in der Regel niemand so recht glücklich war. Unweigerlich verknüpft mit dieser Ordnungsfunktion war natürlich die Zuschreibung als bürokratisch, unflexibel, teilweise lebensfremd abgehoben vom realen Unternehmensgeschehen und seinen Erfordernissen. Die intransparente Nähe zur Unternehmensspitze bzw. zur Belegschaftsvertretung, die in allen größeren Unternehmen vielfach einen bedeutsamen Machtfaktor darstellt, trug ihr Übriges dazu bei, dem Personalbereich mit Vorsicht und Skepsis zu begegnen.“ (Wimmer,2001)[9]

Es wird deutlich, dass das Rollenverständnis vom HR Business Partner in einer historischen Entwicklung der Personalfunktionen des Personalmanagements eingebettet ist. Der Autor ist sogar der Überzeugung, dass es auch nur aus ihr heraus verständlich wird.

Daher möchte der Autor auf eine interessante Studie[10] der OPM (US Office of Personell Management) von 1999 hinweisen, in der sehr deutlich wird, wie sich Themen und Funktionen innerhalb kürzester Zeit in den USA gewandelt haben. Besonders interessant scheint dem Autor der Verweis auf den Strategic Business Partner und dessen enormer Bedeutungszuwachs seit 1989. Hieran wird deutlich, dass Dave Ulrich zum richtigen Zeitpunkt den richtigen Ton getroffen hat und auch offensichtlich schon vor seiner Veröffentlichung in Amerika die Rede von einem Strategic Business Partner war.

[8]Nachfolger war von 1972 bis 1996: Eduard Glauger, ab 1996 ist es Walter Oechsler
[9] Vgl. Wimmer, R., (2001): Strukturwandel des Personalmanagements in der Wirtschaft
[10] Vgl. „Looking to the future: HR competencies – US Office of Personell Management,1999

Human Resources Roles Are Changing			
	1989 - 1991	1996	Difference
Maintaining Records *Collect, track and maintain data on employees*	22.2%	15.0%	Significant Decrease
Auditing/Controlling *Ensure compliance to internal operations, regulations, legal and union requirements*	19.4%	12.0%	Significant Decrease
HR Service Provider *Assist with implementation and administration of HR practices*	35.0%	31.3%	Significant Decrease
Practice Development *Develop new HR systems and practices*	14.0%	19.0%	Significant Increase
Strategic Business Partner *Member of the management team. Involved with strategic HR planning, organization design and strategic change*	11.0%	22.0%	Significant Increase

Source: Adapted from a 1996 study by the Center for Effective Organizations, University of Southern California, and the Human Resources Planning Society, as published in "WORKFORCE," May 1998

Abbildung 1: HR Roles Are Changing

In der folgenden Tabelle wird nun versucht, schematisch deutlich zu machen, wie sich die Funktionen und somit die Aufgaben und Rollen von Personalmanagement in den letzten 60 Jahren in Deutschland verändert haben.

Zeit-raum	**Kernthema**	**Funktion, Rollenverständnis**	**Rolle** HR als...	**Aufgaben**
50er	Bürokratisierung	Personalverwaltung Personal-administration	Administrator & Umsetzer	Verrechnung, Zeitmanagement, Policies, Verwaltung der Personalakten
60er	Institutio-nalisierung und Professio-nalisierung	Personalwesen Personalorganisation, Personalplanung	Dienstleister	HR reagiert auf Anfragen und ist kundenorientiert, bietet Dienstleitung, berät im Rahmen der eigenen fachlichen Kompetenzen und stellt die technische Basis
70er	Humanisierung	Personalwirtschaft Personalentwicklung	Moderator	HR moderiert das Management / Teams; kommuniziert Veränderungen für das Management und setzt sie um; HR ist Übersetzer zwischen Unternehmen und Mitarbeiter
80er	Ökonomisierung	Personalmanagement Personalcontrolling,	Berater	HR ist Berater für das Management und Mit-entscheider für Personalthemen

		Personalstrategie		HR berät das Management in der Umsetzung und Kommunikation von Veränderungen
90er	Unter-nehmerische Orientierung	Human Resource Management Mitarbeiter als wertvollste Ressource, die gezielt gepflegt werden muss	Business Partner Change Agent Employee Champion	ist interner Experte und erster Ansprechpartner für Change Management und Organisationssteuerung; wird als Treiber für Kultur, Strategie und Struktur wahrgenommen
2000 bis heute	Nachhaltiges (strategisches) Personal-management	Human Resource Management MA und Führung schaffen gemeinsam Wertschöpfung	Strategischer Business Partner	HR ist Teil aller relevanten Managementteams und Mitentscheider in allen Geschäftsfragen

Tabelle 2: eigene Darstellung: Aufgaben und Rollen von Personalmanagement

Veränderungen in den Personalabteilungen können somit auch als Kehrseite einer neuen Organisations- und Führungskultur begriffen werden. In der Kürze sollte deutlich werden, dass der Wandel der Aufgaben für das Personalmanagement in seiner historischen Wechselwirkung verstanden werden muss.

1.1.3 Was ist Wertschöpfung?

Wenn Personalmanagement einen Beitrag zur Wertschöpfung leistet, so muss zunächst geklärt sein, was unter Wertschöpfung zu verstehen ist.

Die Wertschöpfungskette, die als allgemeines Darstellungs-, Ordnungs- und Analyseinstrument durch Michael E. Porter[11] geprägt wurde, visualisiert die zeitlichen und kausalen Zusammenhänge der einzelnen Aufgaben und Aktivitäten einer Organisation. Als Wertkette wird der Transformationsprozess als Summe aller Aktivitäten einer Organisation bezeichnet. Im Verlauf dieses Prozesses wird der Input, als Summe aller Eingangsgrößen, in den Output, als Summe aller Ausgangsgrößen, umgewandelt.

[11] Vgl. Porter, M.E.,1985

Abbildung 2: Wertkette

Wenn diese Transformation monetär bewertet wird, ergibt dies die Wertschöpfung der Organisation bzw. Organisationseinheit. Analog zu den übrigen Organisationseinheiten wie Vertrieb, Entwicklung oder Produktion ist das Personalwesen als Organisationseinheit mit Prozessen betraut, die einen Wertschöpfungsanteil erbringen. Diese Wertkette wird für Personalwirtschaft meist nur unternehmensintern angewendet, da das eigene Unternehmen einen Großteil des Inputs bereitstellt und am Ende auch Hauptkunde des Outputs ist.

Zum besseren Verständnis und Visualisierung nutzt der Autor die sinnvolle Verknüpfung aus dem SOS-Konzept von Jürgen Wild und der Wertschöpfungsgrafik von Michael E. Porter, wie sie von der Autorin Larissa Becker[12]vorgeschlagen wird. (Vgl. Abb.3)

Das SOS-Konzept nach Wild systematisiert die Tätigkeiten innerhalb der Unternehmung in Führungsaufgaben (Steuerung), Ausführungsaufgaben (Operation) und Unterstützungsaufgaben (Service). Die Steuerungsaufgaben umfassen die Aufgaben der Gestaltung, Lenkung und Entwicklung sozialer Systeme. Zu den operativen Aufgaben zählen alle Aufgaben der direkten Erstellung, Nutzung und ggf. Entsorgung von Produkten und Leistungen für interne oder externe Kunden. Zur Aufrechterhaltung und Bewältigung der Steuerung sowie der operativen Aufgaben werden Serviceleistungen benötigt.

[12] Vgl. Becker, L., 2000

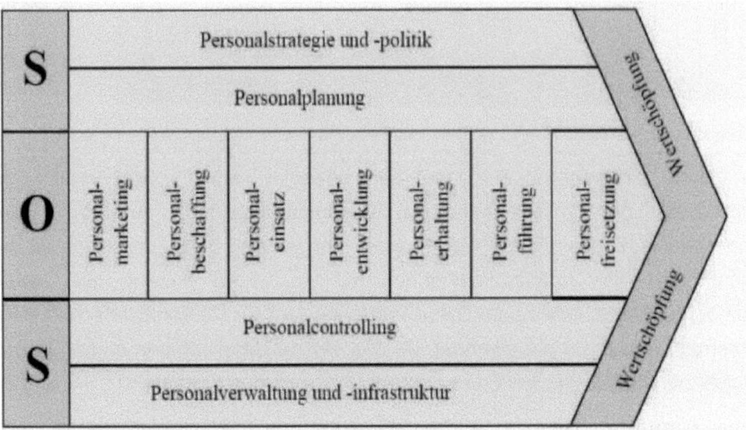

Abbildung 3: Wertschöpfungskette nach Porter mit SOS Konzept nach Wild

„Die Wertschöpfungskette und das SOS-Konzept können für beliebige Aktivitäten und Betrachtungsebenen angewendet werden. Für das Personalmanagement bedeutet dies, dass auch die einzelnen Personalmanagementaufgaben ihrerseits als Wertschöpfungskette darstellbar sind. Dabei müssen die den Kategorien des SOS-Konzepts zugeordneten Aufgaben den korrespondierenden Bereichen der Kette zugeordnet werden. Die operativen Aufgaben stehen sodann in einer logischen Abfolge. Die Reihenfolge orientiert sich an ihrem zeitlichen Zusammenhang. In jedem Feld einer Wertschöpfungskette ist eine weitere Wertschöpfungskette verborgen“[13]. Dies soll am Beispiel der Personalbeschaffung in der Abb.4 deutlich gemacht werden.

Die Darstellungen auf der nachfolgenden Seite sollen den Personaler für den Wert ihrer eigenen Leistung im Wertschöpfungsprozess sensibilisieren. Sie können erkennen, dass Wertschöpfung auf allen drei Ebenen (Steuerung, Operation und Service) stattfindet. Dieses Selbst-Bewusstsein für den Wert der eigenen Leistung als Personaler, scheint dringend notwendig zu sein, wie sich im Verlauf dieser Untersuchung noch zeigen wird.

[13] Vgl. Becker, L., 2000

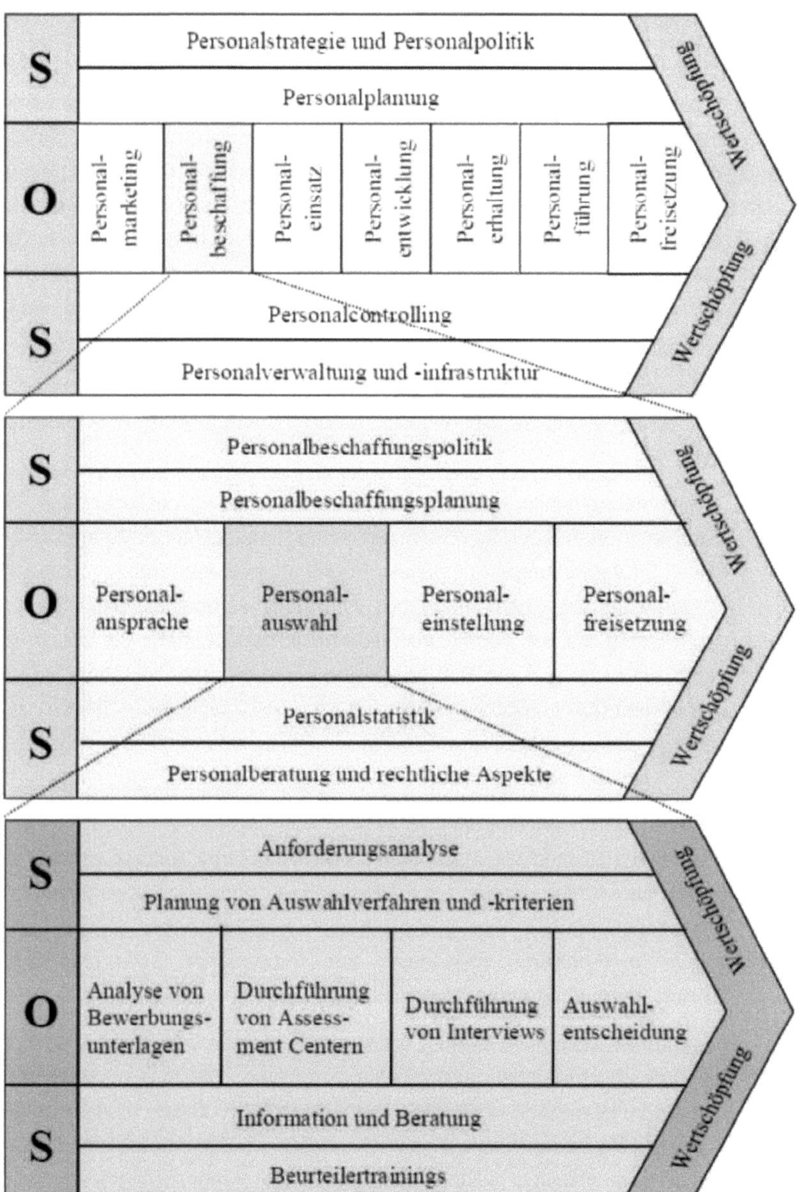

Abbildung 4: Wertschöpfungskette am Beispiel Personalbeschaffung

1.1.4 Wertschöpfung messbar machen

Es wird, insbesondere von Personal Managern selbst, immer wieder behauptet, dass professionelles und effizientes Personalmanagement einen nachweisbaren und somit messbaren Beitrag zur (monetären) Wertschöpfung leistet. Eigentlich müsste somit ein Zusammenhang zwischen Personalarbeit und gesteigertem Jahresumsatz oder erhöhten Marktanteilen nachvollziehbar werden. Doch diese vereinfachte lineare Logik von „ je effizienter und effektiver die HR Arbeit...desto höher der Umsatz oder der Marktanteil" funktioniert aus vielen Gründen nicht und greift auch zu kurz. Daher verweist der Autor auf die Ergebnisse einer der wenigen Metaanalysen, die sich genauer mit der Erfolgsfaktorenforschung befasst hat. (Vgl. Gmür, M. 2005)[14]

Hier kritisiert Gmür an der bisherigen Erfolgsfaktorenforschung drei wesentliche Aspekte:

- Personalerfolgsfaktorenforschung ist bisher noch nicht über eine Reihe qualitativ orientierter Sammelrezensionen hinausgelangt. Metaanalysen zu den Erfolgswirkungen einzelner Personalfunktionen haben bislang den Hauptfokus des Zusammenhangs zwischen personalpolitischer Steuerung und Erfolg auf der Organisationsebene ausgeklammert. Sie beschränken sich entweder auf die Rahmenbedingungen für das Topmanagement im Unternehmen oder untersuchen individuelle Effekte von Personalmaßnahmen.
- Viele Studien widersprechen sich erheblich in ihren Ergebnissen, da sich zeigt, dass die Operationalisierung von Studie zu Studie erheblich abweicht. Bislang (bis zum Jahr 2005: Anm. des Autors) wurden keine Versuche unternommen, die Ergebnisse unmittelbar vergleichbar zu machen. Unterhalb des gemeinsamen terminologischen Dachs hat sich kein methodischer Standard zur empirischen Überprüfung der Erfolgsvermutung personalwirtschaftlicher Systeme herausgebildet.
- Mehrere Untersuchungen haben zu zeigen versucht, dass ein überdurchschnittlicher Weiterbildungsaufwand zu einem entsprechend überdurchschnittlichen Unternehmenserfolg führt. Diese Studien gelangen regelmäßig zu signifikant positiven statistischen Zusammenhängen, können aber nicht plausibel zeigen, dass der Unternehmenserfolg tatsächlich ein Effekt des Trainings und nicht etwa eine Voraussetzung für die Bereitschaft des Unternehmens ist, einen hohen Weiterbildungsaufwand zu betreiben. Diese Kritik betrifft vor allem Studien, welche den Unternehmenserfolg mit

[14] Gmür, M., 2005: Der Beitrag des Personalmanagements zum Unternehmenserfolg

Kennzahlen des finanzwirtschaftlichen Ergebnisses messen: Es ist durchaus plausibel, dass gerade Unternehmen, die sich finanziell in seiner sehr vorteilhaften Situation befinden, eine hohe Bereitschaft zeigen, in die Weiterbildung zu investieren. Dann wären die Weiterbildungsaktivitäten nicht Ursachen für, sondern Ergebnisse von Erfolg.

In seiner Metaanalyse hat Gmür 61 Erfolgsfaktorstudien aus dem Zeitraum 1985 bis 2003 untersucht und dabei wurden folgende neun Hypothesen aufgestellt.

	Hypothesen	**Personalfunktion**	**Anzahl** Studien
1a	Je höher das Gehaltsniveau eines Unternehmens im Branchenvergleich ist, umso größer ist der betriebswirtschaftliche Erfolg dieses Unternehmens.	Vergütungsniveau	**23** 8
1b	Je höher der Anteil der variablen an der gesamten Vergütung eines Unternehmens ist, umso größer ist dessen betriebswirtschaftlicher Erfolg	Anteil variable Vergütung	19
2a	Je umfangreicher die Weiterbildungsmaßnahmen eines Unternehmens sind, umso größer ist dessen betriebswirtschaftlicher Erfolg.	Weiterbildungs-aufwand	**23** 20
2b	Je höher in einem Unternehmen die Bedeutung fachübergreifender Qualifizierung innerhalb der Weiterbildung ist, umso größer ist sein betriebswirtschaftlicher Erfolg.	Anteilfachüber-greifender Weiterbildung	4
3	Je größer der Aufwand ist, den ein Unternehmens bei der Auswahl neuer Mitarbeiter betreibt, umso größer ist sein betriebswirtschaftlicher Erfolg.	Rekrutierungs-aufwand	11
4	Je umfangreicher die Feedbacks sind, welche die Beschäftigten eines Unternehmens regelmäßig über ihre Leistung erhalten, umso größer ist der betriebswirtschaftliche Erfolg dieses Unternehmens.	Leistungsbeurteilung	7
5	Je weiter die Partizipationsmöglichkeiten der Beschäftigten in einem Unternehmen reichen, umso größer ist dessen betriebswirtschaftlicher Erfolg.	Partizipation	10
6	Je umfangreicher die Maßnahmen sind, mit denen das Unternehmen eine Work Life Balance für seine Beschäftigten fördert, umso größer ist sein betriebswirtschaftlicher Erfolg.	Förderung der Work Life Balance	3
7	Je stärker die Personalpolitik eines Unternehmens dem Konzept des 'High Performance Work System' folgt, umso größer ist der betriebs-wirtschaftliche Erfolg dieses Unternehmens	System High Performance Work	16
8	Je stärker die Personalpolitik eines Unternehmens darauf gerichtet ist, das Committment seiner Beschäftigten zu erhalten, umso größer ist der betriebswirtschaftliche Erfolg dieses Unternehmens.	High Commitment Work	4
9	Je größer der Einfluss des Personalbereichs auf die Politik eines Unternehmens ist, umso größer ist dessen betriebswirtschaftlicher Erfolg.	Integration der Personalfunktion	8
	Gesamteffekt		**61**

Tabelle 3: Neun Hypothesen der Erfolgsfaktorenforschung, Vgl. Gmür, 2005

Die Ergebnisse dieser Metaanalyse (Vgl. Tabelle 4) lassen sich in vier Gruppen unterteilen:

Interessant ist bei diesen Ergebnissen, dass die Personalbeschaffung und der nachfolgende Personalauswahlprozess den stärksten, zumindest vor allem den signifikantesten, Beitrag zum Unternehmenserfolg leisten.

	Grad der Bestätigung	Hypothesen	Kommentar
1	*Durchgängige Bestätigung der Hypothese:*	Rekrutierungsaufwand (3)	Sämtliche Befunde sind positiv und streuen über alle Subgruppen hinweg nur schwach um die mittlere Effektstärke von 0,10.
2	*Tendenzielle Bestätigung der Hypothese*:	Work-Life Balance (6) Commitment (8)	Für die Förderung von sowie die fachübergreifende Qualifizierung (2b) gibt es kein signifikantes Ergebnis, aber starke Anhaltspunkte für eine positive Bestätigung: Für diese Personalfunktionen finden sämtliche Primärstudien eine positive Korrelation zum Unternehmenserfolg. Allerdings streuen die Ergebnisse stark bzw. ist die Zahl der Studien noch nicht ausreichend, um zu einem gesicherten Ergebnis zu gelangen.
3	*Bestätigung der Hypothese für einzelne Subgruppen*	*variablen Vergütung (1b)* Trainingsaufwands(2a)	Für die beiden meist untersuchten Kategorien der variablen Vergütung (1b) und des Trainingsaufwands (2a) zeigen sich zunehmende Effektstärken aber auch stärkere Streuungen der Befunde. Die Untersuchungen zur variablen Vergütung zeigen signifikante Zusammenhänge für Europa und Ostasien sowie für die USA. Für den Trainingsaufwand gilt Ähnliches.
4	*Keine Bestätigung* der *Hypothese*	Gehaltsniveau (1a) Personalbeurteilung (4) Partizipation (5) Integration Personalfunktion (9)	Hier liegen neben überwiegend positiven auch mehrere negative Befunde vor, die zu einer mittleren Effektstärke in der Nähe des Nullwerts führen.

Tabelle 4: Ergebnisse der Metaanalyse; Vgl. Gmür

Ohne noch intensiver auf die Ergebnisse dieser Metanalyse von M. Gmür einzugehen, will der Autor betonen, dass der systematischen Erfolgsfaktorenforschung mehr Beachtung geschenkt werden sollte. Es ist somit ein differenziertes Verständnis nötig, wenn vom Beitrag zur Wertschöpfung durch das Personalmanagement die Rede ist – dabei können Metaanalysen einen wertvollen Beitrag leisten.

Diese Vorüberlegungen können wie folgt kurz zusammengefasst werden:

Das Personalmanagement hat im Laufe der Jahre seine Funktionen, Rollen und Aufgaben einem großen, historisch bedingten, Wandel unterzogen. Das drückt sich am besten in dem bekannten Slogan aus: „Von Verwalter zum Gestalter".

Personalmanagement sollte die Grundfunktionen „Leistung, Kooperation und Lernen" wertschöpfend unterstützen und sich daran messen lassen. Erfolgsfaktorstudien belegen zwar punktuell einen Beitrag zur Wertschöpfung von Unternehmen, doch ist dieser noch wesentlich zu auszubauen.

Ein Personalmitarbeiter sollte ein transparentes Verständnis von Wertschöpfung und Erfolgsfaktoren besitzen. Nur dadurch kann er eine selbstbewusste Haltung zum pointiert zusammengefassten Apell Dave Ulrichs– „Personaler, leiste deinen Beitrag zur Wertschöpfung!" entwickeln.

1.2 Hintergrund

Der Autor war fünf Jahre in einem kleinen mittelständischen Handelsunternehmen (80 MA) als Leiter Personal tätig. Als Mitglied der Geschäftsleitung war er gewohnt, sich um die wertschöpfenden Aspekte des Unternehmens zu kümmern. In dieser Funktion sorgte er sowohl dafür, Personal nach den Bedürfnissen des Unternehmens zu rekrutieren bzw. systematisch zu entwickeln, als auch für nachhaltige Prozesse im Unternehmen.

Berufsbegleitend hat er sich an den Hochschulen Deggendorf und Ingolstadt im MBA Studium, mit den Schwerpunkten: Personal- und Organisationsentwicklung, vertieft mit Modellen, Theorien und Methoden von modernem HR Management beschäftigt. So wurde auch der Michigan Ansatz oder das als HR Business Partner bekannt gewordene Modell von Dave Ulrich intensiv behandelt.

Es wurde an den Hochschulen erwogen, ob der gewählte Studiengang umbenannt werden sollte in „MBA HR Business Partner" und die Studierenden wurden diesbezüglich zu ihrer Haltung dazu befragt.

1.3 Forschungsansatz

Diese Diskussion veranlasste den Autor, eine Rückschau auf den MBA Studiengang zu halten und zu prüfen, inwiefern die Module und angewendeten Methoden, das Kompetenzprofil eines HR BP unterstützen. Aus dieser Rückschau entstand das ursprüngliche Vorhaben, Vorschläge für die Gestaltung eines MBA Studiendesigns zu entwickeln, um damit die gegenwärtige und zukünftig relevante Kompetenzentwicklung von HR Business Partnern erfolgreich zu unterstützen.

Jedoch schon früh im Verlauf dieser Untersuchung hat der Autor diese anfängliche Idee zu Handlungsempfehlungen für weitere Zielgruppen erweitert. Diese Handlungsempfehlungen sollen in dreierlei Hinsicht genutzt werden können:

- Von Hochschulen, in der Ausgestaltung von HR BP spezifischen Studiengängen und als Anregung für weitere Forschungsfelder.
- Von Personal Beratern, die in der Begleitung von HR Transformationsprozessen tätig sind, als Anregung für die spezifischen Kompetenzprofile des Strategic Partners und dessen Entwicklung.
- Von Unternehmen, die sich im HR Transformationsprozess befinden und im Auswahlprozess vor der Problematik stehen, welcher Mitarbeiter am besten für die Rolle des strategischen HR BP geeignet ist.

Um dieses HRBP Studiendesign beschreiben zu können und konkrete Handlungsempfehlungen ableiten zu können, sind nach Ansicht des Autors zwei methodische Schritte notwendig.

1. Die verschiedenen HR BP Modelle, sowie die daraus resultierenden Aufgaben- und Kompetenzprofile für HR BP müssen aus der (wissenschaftlichen) Lektüre beschrieben werden.(Vgl. Kapitel 2: Theoretischer Hintergrund)

2. HR Experten direkt aus der Berater Praxis und aus den Unternehmen sollen ihre praktische Perspektive bzgl. geforderter Kompetenzen für HRBP beschreiben können. (Vgl. Kapitel 4: Ergebnisse)

Aus der Synthese beider Datenquellen werden dann konkrete Handlungsempfehlungen für die Kompetenzentwicklung für HR BP entwickelt.

Aus der Fülle der vielen möglichen Rollen konzentriert sich der Autor bewusst auf eine Rolle: die des „Strategic Partners“ – aus dem „ersten“ HR Business Partner Modell von Dave Ullrich.

1.4 Überblick über die Arbeit

Im ersten Kapitel wurden vom Autor vier Vorüberlegungen durchgeführt, die nach seiner Ansicht wichtig sind zur Sensibilisierung der Hauptthematik.

Im zweiten Kapitel werden sowohl theoretische Modelle dargestellt, die dem HR BP zugrunde liegen, als auch aktuelle Studienergebnisse beschrieben, die sich mit dem Rollenprofil und der praktischen Einführung von HR BP beschäftigen. Da in dieser Untersuchung die Kompetenzentwicklung im Mittelpunkt steht, wird im Anschluss der zugrunde liegende Kompetenzbegriff definiert.

In Kapitel 3 werden die angewendeten qualitativen Forschungsmethoden dieser Untersuchung beschrieben. Es handelt sich dabei um die Grounded Theory und die Globalauswertung von leitfadengestützten Interviews.

In Kapitel 4 werden die Forschungsergebnisse der 13 durchgeführten Interviews vorgestellt. Daraus, sowie aus den Ergebnissen aus Kapitel 2 werden Handlungsempfehlungen sowohl für Hochschulen und Personal Berater, als auch für Unternehmen im HR Transformationsprozess entwickelt.

In Kapitel 5 werden mittels vier Nachüberlegungen die Ergebnisse diskutiert. Die Untersuchungsergebnisse werden mit weiterführenden Gesichtspunkten aus der Literatur ergänzt. Dabei werden auch Anregungen für weitere Forschungsfelder präsentiert.

Am Ende dieser Untersuchung werden in Kapitel 6 die wesentlichen Ergebnisse kurz zusammengefasst.

2 Theoretischer Hintergrund

Im folgenden Abschnitt wird der theoretische Hintergrund, der für das Grundverständnis der Forschungsthematik notwendig ist, anhand von Theorien, Modellen und Studienergebnissen dargestellt.

2.1 Das Ausgangsmodell von Dave Ulrich

Dave Ulrich fordert 1997 in seinem Buch *„Human Resource Champions: The next Agenda for Adding Value and Delivering Results"*, dass das Personalmanagement einen klaren Beitrag zur Wertschöpfung von Unternehmen leisten soll. Er selbst schlägt für die Erfüllung des Beitrags vier Rollen vor, die sich in Summe zum HR Business Partner formieren. Im Detail lassen sich die Teile des HR-Business-Partner-Modells wie folgt beschreiben:

Abbildung 5: HR Business Partner als Summe von vier Rollen nach Dave Ulrich

<u>Strategic Partner</u>

Das Personalwesen sollte zu einem Partner für die Manager in der Unternehmensführung und der Linie bei der Strategieumsetzung werden. Als strategischer Partner hilft der „HR-Business-Partner" der Organisation deren Geschäftsziele zu erreichen. Er partizipiert an der Entwicklung der Geschäftsstrategie, leitet seine Personalstrategie von dieser ab und sorgt für eine effiziente Umsetzung dieser im Unternehmen. Dies äußert sich darin, dass der HRBP fester Bestandteil von Leitungsgremien und strategischen Ausschüssen ist. Er beschäftigt sich mit der künftigen Geschäftsplanung, strategischen Fragen der Personalpolitik, sowie der Harmonisierung von strategischen Vorgaben und HR-Prozessen.

Administrative Expert

Das Personalwesen sollte zu einem Experten dafür werden, wie die Arbeit zu organisieren und durchzuführen ist, sowie zur administrativen Effizienz beitragen, um sicherzustellen, dass Kosten gesenkt werden und zugleich die Qualität nicht leidet. Der HR BP trägt somit zur Effizienzsteigerung der Organisation bei. Zu diesem Zweck hat er seine eigenen Prozesse standardisiert, wobei diese fortlaufend in Effizienz, Serviceorientierung und Qualität optimiert werden. Durch kosteneffektive Administrationssysteme und Serviceprozesse unterstützt er die Führungskräfte und Mitarbeiter an ihren Arbeitsplätzen. Beispielhaft seien „Employee Self Service“(ESS) und „Manager Self Service“ (MSS) genannt.

Employee Campion

Das Personalwesen sollte zu einem Anwalt der Beschäftigten werden, das deren Anliegen gegenüber der Unternehmensführung energisch vertritt. Gleichzeitig ist es darum bemüht, den Beitrag der Beschäftigten zu steigern, d.h. ihren Einsatz für das Unternehmen und ihre Fähigkeit zur Ergebnislieferung zu erhöhen.

Es sorgt für hohe Identifikation, gewinnt, bindet und motiviert die Mitarbeiter und sorgt dafür, dass die Unternehmenspolitik die Interessen der Mitarbeiter integriert. Durch Berücksichtigung des regelmäßigen Feedbacks z.B. durch Mitarbeiterbefragungen und zielgruppenspezifischen Unterstützungssystemen wie etwa Maßnahmen zur Vereinbarkeit von Familie und Beruf, sorgt es für Mitarbeiterzufriedenheit.

Change Agent

Das Personalwesen sollte ein Handlungsbeauftragter für den kontinuierlichen Wandel werden, das Betriebsabläufe und Kultur so gestaltet, dass sie zusammen die Wandlungsfähigkeit der Unternehmen verbessern.

Es stellt Weichen für einen kulturellen Wandel im Unternehmen, der beständige Erneuerung und Transformation beinhaltet und bereitet dieses auf Zukunftsthemen vor, indem es hierzu Instrumente zur Förderung erwünschter Verhaltensweisen entwickelt. Exemplarisch für Veränderungsprozesse zu nennen ist hierbei das Vorantreiben des kontinuierlichen Verbesserungsprozesses, Veränderungen in der Unternehmenskultur oder die Gestaltung neuer Arbeitsprozesse.

Diese vier Wege entsprechen Rollen, die ein modernes HR Management kompetent ausfüllen soll. Erst aus der erfolgreichen Kombination aller Rollen entwickelt sich der HR Business Partner. Die Rollenaufgaben des HR Managers bewegen sich entlang der Achsen Prozess- zu Mitarbeiterorientierung sowie operationalem zu strategischem Fokus. Als operational und prozessorientiert ist demzufolge der „Administrative Expert" (als klassischer HR- Bereich) anzusehen, wohingegen der „Employee Champion" zwar ebenso auf das Tagesgeschäft fokussiert ist, sich jedoch auf die Mitarbeiter hin orientiert.

Die Bereiche „Strategic Partner" und „Change Agent" sind an die Zukunftsvorstellungen der Organisation geknüpft; der erstere legt seinen Schwerpunkt hierbei auf die künftigen Prozesse, während sich der HR-Manager als „Change Agent" auf der Achse im Bereich Mitarbeiterorientierung positioniert. Es bedarf der Integration der unterschiedlichen Aufgabenfelder und der Abstimmung mit der Gesamtstrategie der Organisation.

Das HR BP-Modell bemüht sich darum, die unterschiedlichen, teils widersprüchlichen Aufgabenbereiche zu integrieren, und dem Personalwesen durch eine erhöhte Transparenz zu einem besseren Selbstverständnis und somit auch zu besserem Image zu verhelfen.

Für die erfolgreiche Ausübung der vier Rollen beschreibt Dave Ulrich zwar eine Sammlung von Kompetenzen, die er sinnvoll hält. Doch belässt er es bei der eher allgemeinen Zuschreibung und vermeidet dabei eine klare Zuordnung zu den spezifischen vier Rollen.

Folgende Kompetenzen sollen hier beispielhaft aufgelistet werden:

- Have dominant distribution channels
- Identify and develop the next generation leaders
- Improve speed, cash flow, profitability and productivity every year
- Maintain good investors relations
- Align performance measures to strategic priorities
- Attract and retain high caliber people
- Create a shared mindset
- Create capacity for change
- Demonstrate cultural flexibility
- Ensure trust between leaders and workers
- Form alliances with a variety of organizations

- Think and act globally[15]

Dave Ulrich hat sein ursprüngliches „HR BP Modell" im Laufe der Jahre mehrfach fortentwickelt. Schon 2001 beschreibt er in seinem Artikel „From Partners to Players: Extending the HR Playing Field" sechs Typen von „HR Playern" und verzichtet dabei auf den Begriff des Partners.[16]

In seinen weiteren Modellen spricht er deshalb nicht mehr vom Business Partner, sondern differenziert weitere Rollen aus. Ab 2008 wird bei Ullrich die Glaubwürdigkeit eines Personalers nicht nur durch seine Rolle, sondern insbesondere durch seine Persönlichkeit bestimmt. Entscheidend ist dabei das Handeln als „glaubwürdiger Macher" (Credible Artist). Dazu sind notwendig: integre Zielerreichung, transparentes Handeln, vertrauensvolle Beziehungen, klare Standpunkte. Auf der Ebene der Systeme und Prozesse sieht Ulrich zwei wichtige Kompetenzen: den „Operational Executor", der die Fähigkeit besitzt, Arbeitssysteme zu gestalten und HR-Technologie weiterzuentwickeln, sowie den „Business Ally", der ein soziales Umfeld analysieren und daraus Wettbewerbsvorteile ableiten kann. Auf der Ebene der Organisationsgestaltung sind Personaler an drei Stellen gefordert: Als „Talent Manager", als „Culture & Change Steward" und als „Strategy Architect".

Der Autor dieser Untersuchung verzichtet auf eine weitere „Exegese" dieser Weiterentwicklungen, weil sich in der Praxis, das erste und überschaubare HR BP Modell in den Köpfen der Personaler und Strukturen der Organisationen festgesetzt hat.

Aus diesem Vier Rollen Modell von Dave Ulrich hat sich in der Praxis das sog. **Drei Säulen Modell** entwickelt, welches nur bedingt auf Dave Ulrich zurück zu führen ist. Dieses Modell hat sich als dominantes HR Modell in den Unternehmen etabliert und wird in der Tab. 5 sehr verkürzt dargestellt.

HR Business Partner	Center of Competence / Center of Expertise	Shared Service Center
Beratung und Unterstützung der Führungskräfte	Entwicklung und Steuerung moderner Personalprozesse und -instrumente	effiziente Abwicklung von HR Basisprozessen (z.B. Abrechnung) und der Bearbeitung von Standard-Mitarbeiterfragen

Tabelle 5: Drei Säulen Modell von Personalmanagement

In der Praxis haben sich im HR BP Verständnis zwei Interpretationslinien entwickelt. Die Eine versteht die gesamte HR Organisation als HR BP; das macht insofern Sinn, wenn sich jeder Personaler seines Beitrages zur Wertschöpfung bewusst wird und danach strebt, konkret an seiner Position, einen

[15] Vgl. Claßen & Kern, 2010, S.278
[16] Vgl. Ulrich/Beatty 2001, S.293 ff.

Wertschöpfungsbeitrag zu leisten. Hier steht die Funktion im Zentrum. Die andere Interpretation konzentriert sich auf die Rolle des HR BP, der im engeren Sinne als Prozessverantwortlicher die strategische Übersetzungsarbeit zwischen Business und HR Abteilung leistet. Auch wenn es nicht stringent klingt, so soll doch der Anspruch, Wertgestalter zu sein, als Grundhaltung nicht nur für den Strategic Partner als HR BP gelten, sondern für die gesamte HR Organisation. Dergestalt sind auch die Säulen gemeint und das ist auch das Verständnis des Autors dieser Untersuchung.

2.2 „Spielmacher des Personalmanagements“

Die Autoren Martin Claßen und Dieter Kern haben sich beide fast zehn Jahre für die „HR Barometer“ Studien von Capgemini verantwortlich gezeigt.

Auf Grundlage dieser „HR Barometer“ sowie aus der Studie „HR Business Partner“ von 2006 ist das Buch *„HR Business Partner: Die Spielmacher des Personalmanagements“* (2010) entstanden. Den Autoren ist es geglückt, einen vertieften und kritischen Überblick über die Entwicklung der HR Business Partner Modelle und deren Implementierung zu schaffen, die in der Praxis seit Erscheinen des Buchklassikers von Ulrich entstanden sind.

Sie entwickeln dabei auch ihr eigenes Verständnis vom HR BP und bringen es auf die prägnante Formel:

HR Business Partner = beherrscht HR + kennt das Business + ist Partner

Deshalb wird der Autor in Anlehnung an dieses Buch nun ausführlicher daraus berichten und dabei zunächst drei amerikanische Modelle von Kompetenzprofilen hervorheben, bevor das Verständnis von Claßen und Kern näher erläutert wird.

Als erstes möchte der Autor dieser Untersuchung auf das Modell von Modell von OPM (U.S. Office of Personell Management) eingehen, welches stark vom ursprünglichen Ulrich Modell geprägt ist. Hier werden insgesamt fünf Rollen Beschrieben: „Strategic Partner“, „Leader“, Employee Champion“, „Technical Expert“ sowie dem „Change Consultant“. Da in dieser Untersuchung der „Strategic Partner“ im Fokus steht, belässt es der Autor bei der Beschreibung dessen Kompetenzprofils:

Role	Competency	Demonstrates	Activity
Strategic Partner	Organizational Awarness	Understanding of public service environment	Interacts with customers in a way that demonstrates customers concerns and

	Problem solving Customer Service Stress tolerance Oral communication	Knowledge of agency mission Knowledge of organizational development principles Understanding of client´s organizational culture Knowledge of business system thinking Understanding of business processes & how to change Improve efficiency and effectiveness Innovation & courage risk-taking	problems are heard; builds confidence and trust Links HR policies and programs to organization´s mission & service outcomes Applies organizational development principles Adapt HR services to the clients organizational culture Design and/or carries out HR services that incorporate business system applications Uses HR principles that change business processes to improve its efficiency and effectiveness

Tabelle 6: HR Kompetenzmodell – Office of Personell Management[17]

Weiterhin findet der Autor das Kompetenzprofil der IPMA-HR (International Public Management Association-HR) sehr aufschlussreich. In diesem Modell beschreibt Patrick A. Parsons sehr ausführlich sowohl die Rolle, als auch die Kompetenzen des HR Business Partners:

HR BP Role	HR BP Competencies	Overlapping competencies
More than a provider of services A management partner who shares accountability for organizational results Does more than explain what is prohibited Works with management to devise solutions Involved in business strategic planning and working toward results aligned with mission	Knows mission Innovation/creativity Organizational Development Client / Organizational Culture HR Linkage	Analytical skills Public Service Team Behavior Communication Competing Values Knows Business System Business Process Consensus Building Trust Relationships Integrity / Ethics Consultation & Negotiation

Tabelle 7: HR Kompetenzmodell - IPMA-HR[18]

Competency	Level 1	Level 2	Level 3	Level4

[17] Vgl. Claßen / Kern, 2010, S.283
[18] Vgl. Claßen / Kern, 2010, S.282

Area	Administrator	Officer	Manager	Senior Manager HR Director
Understanding the business Understands the essentials ofthe businessin which the firm/business unit operates	Displays basic business understanding including awareness of service level Agreement Business Plan, Scorecard and Business Performance in own area	Supports the development of core business processes Compiles and analysis data and clarifies areas of uncertainty Engage in discussion on organizational challenges/issues	Influences organizational and structural changes at business unit level Makes a significant contribution to business planning and other core processes Engages business leaders on HR implications of business model changes Demonstrates commercial awareness	Understanding is used to inform strategic HR decisions and interactions with business Contributing fully to decisions around business performance, strategy and development of key business processes Uses financial and others measures to inform HR decisions

Tabelle 8: Unternehmensbeispiel nach CLC, 2003

Und schließlich möchte der Autor auf das Kompetenzmodell von CLC (Corporate Leadership Council, 2003)[19] verweisen, weil hier in der Beschreibung von Kompetenzen die verschiedenen Ausprägungsniveaus skaliert werden. (Vgl. Tab. 8) Der Autor wählt die Kompetenz „Understanding the business“ für diese Untersuchung. Durch diese Skalierungen wird deutlich, wie der Grad an Komplexität, an Verantwortungsübernahme, Proaktivität und strategischem Wertschöpfungsbeitrag kontinuierlich steigt.

Zur Vervollständigung soll noch auf die Abb. 7 hingewiesen werden, in der Claßen und Kern die Entwicklung der HR BP Modelle durch weitere Autoren in eine Übersicht gebracht haben.[20]

[19] Vgl. Claßen / Kern, 2010, S.286
[20] Vgl. Claßen / Kern, 2010, S.87

	Ulrich (1997)	Holbeche (1999)	Ulrich/ Brockbank (2005)	Lawler (2005)	Gaines Robinson/ Robinson (2005)	Hunter u.a. (2006)	Claßen/ Kern (2006)	Ulrich u.a. (2008)
Schlag-wort	*Business Partner*	*Business Partner*	*Strategic Partner*	*Strategic Partner*	*Strategic Business Partner*	Business Partner	Business Partner	Business Ally
Adressiert	*HR-Funktion*	*Rolle*	*Rolle*	*Rolle*	*Rolle*	Rolle	HR-Funktion und Rolle	HR-Funktion
Erläuterung	**Um** Business Partner **zu sein, muss HR vier Rollen erfolgreich einnehmen**: • Strategic Partner • Adminis-trative Expert • Employee Champion • Change Agent	**Business Partner** arbeiten mit dem Senior Management an Business- und Organisations-strategien. Sie entwickeln akzeptierte Initiativen in einem Umfeld des kontinuier-lichen Kosten-drucks	Die Rollen von HR sind: •Human Capital Developer •**Strategic Partner** •Functional Expert •Employee Advocate •HR Leader	Als **Strategic Partner** ist HR an der Formulierung der Unternehmens-strategie beteiligt und passt in einem zweiten Schritt die HR-Aktivitäten an die Unternehmens-strategie an	Ein **Strategic Business Partner** definiert und implementiert in Zusammen-arbeit mit der Linie HR-Aktivitäten, die förderlich für das Unterneh-men sind	**HR Business Partner** als Rolle der HR-Funktion, die den Ulrich-Aufgaben-feldern Change Agent und Employee Champion und Strategic Partner, nicht jedoch dem Administrative Expert zugeordnet werden	Inwieweit HR die **Business-Partner**-Rolle ausfüllt, kann an fünf Kriterien beobachtet werden: •Einfluss/ Macht •Akzeptanz •Organisation •Aufgaben •Wertbeitrag	Framework aus sechs HR-Kompetenzen/ Rollen: •**Business Ally** •Talent Manager/ Org Designer •Culture & Change Steward •Strategy Architect •Credible Activist •Operational Executor

Abbildung 6: HR Business Partner Modelle im Überblick[21]

Claßen und Kern haben durch jahrelange Interviews die Erfahrung gesammelt, dass es „den HR BP nicht gibt“ und dass Definitionen häufig eher normativen Charakter haben. Sie suchen deshalb nicht nach dem „one fits all“ Modell, sondern nach dem pragmatischen „best fit“. Statt einer allgemein gültigen Definition vom HR BP, haben die Autoren aus der Praxis heraus fünf Dimensionen entwickelt und diese innerhalb der letzten drei HR Barometer Studien untersucht und überprüft.

Diese Dimensionen haben doppelte Funktion: zum einen artikulieren sie den Anspruch und das Ziel der Personalbereiche, zum anderen können sie als Maßstab für die Einlösung des HR BP Anspruches gelten.

Dimension	Kriterium	Indikator
Einfluss/Macht	Einbindung in wesentliche Entscheidungsprozesse	Teilnahme, Frequenz und Stimmberechtigung in Management Meetings
Akzeptanz	Anerkennung von HR Vertrauen der Führungskräfte gegenüber HR Vertretern	Häufigkeit der Konsultationen der Führungskräfte Themen

[21] Vgl. Claßen / Kern, 2010, S.87

Organisation	Thematische und organisatorische Verankerung in den Geschäftsbereichen	Organigramm Businessrelevanter Input von HR
Aufgaben	Realisierung wertschöpfender, strategischer Themen	Aufgabenbeschreibung Ausübung der konkreten Funktion
Wertbeitrag/ Wertschöpfung	Nachweisbarer und Zahlenbasierter Beitrag zum Geschäftserfolg	Vorhandensein und Umsetzung einer HR Strategie HR Controlling

Tabelle 9: Fünf Dimensionen zu Anspruch und Ziel von HR BP:Claßen/Kern

Die Autoren haben aufgrund der zahlreichen Interviews mit Personalentscheidern, ein eigenes Rollenverständnis des HR BP gezeichnet. Auffallend ist dabei, dass sie den Persönlichkeitseigenschaften – neben Fach- und Methodenkenntnissen sowie Berufserfolg aus dem jeweiligen HR Bereich – eine sehr große Rolle beimessen.

Sie beschreiben den HR BP u.a. wie folgt: „Der Business Partner ist ein Typ, der etwas bewegen möchte, für sein Unternehmen, für die Kunden, für die Aktionäre, aber natürlich auch für die Mitarbeiter...Er ist hartnäckig, hat Biss...Er ist mehrdimensional, zeigt Balance. Dabei bewegt er sich stets auf einem schmalen Grat von Interessen, Anliegen, Meinungen, Erfahrungen, Stimmungen....

Er ist ein Rollenmodell für Ambiguitätstoleranz und Selbstwirksamkeit, kann daher mit undurchsichtigen, unscharfen, unsicheren Konstellationen umgehen. Er geht in dieser Unklarheit nicht unter und leidet an ihr auch nicht allzu sehr.....Er steht an der Schnittstelle zwischen HR und Linie; weder auf der einen noch auf der anderen Seite....Er bringt das Unternehmen nach vorne, mit den Mitarbeitern, durch die Mitarbeiter, für die Mitarbeiter...“[22]

Um diesen Anforderungen gerecht zu werden, braucht es die in Abb.7 beschriebenen Kompetenzen. Ohne näher darauf einzugehen, will der Autor anmerken, dass die General Management Fähigkeit hier explizit betont wird: Im Grunde genommen spiegelt das Profil die Tugenden einer guten Führungskraft wider.

[22] Vgl. Claßen und Kern, S.188

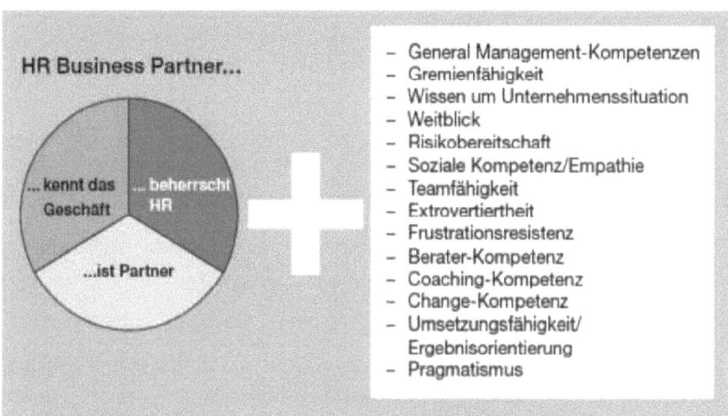

Abbildung 7: Kompetenzprofil HR Business Partner, Capgemini 2006

2.3 Aktuelle HR Studien Ergebnisse

Der Autor hat im Rahmen dieser Untersuchung viele HR Studien recherchiert und genutzt.[23] Im Folgenden werden zwei aktuelle Studien (2010 – 2011) vorgestellt, die in hervorragender Weise die Erfahrungen in der neuen HR Rollen Implementierung systematisch aufbereiten. Im Vergleich zu vielen anderen Studien wird hierbei der systematische Abgleich von HR und Kundenperspektive (Mitarbeiter und Führungskräfte) unternommen. Dabei wird das Auseinanderklaffen von theoretischem Anspruch und praktischer Realität sehr klar verdeutlicht.

2.3.1 Price Waterhouse

Im Folgenden stellt der Autor die wesentlichen Erkenntnisse der aktuellen Studie von PWC „Personalmanagement im Wandel: Eine Untersuchung zum HR Business Partner Modell“[24] vor. Der Vorteil dieser Studie ist, dass die Perspektiven der HR-Businesspartner und ihrer Kunden direkt gegenüber gestellt werden. Sie beschäftigt sich mit der Phase nach der HR-Transformation. Die Ergebnisse dieser Studie sind besonders für die Forschungsfragen – Relevanz der Strategiefähigkeit sowie Chancen für eine externe Aus- und Weiterbildung zum HR BP – sehr aufschlussreich.

---

[23] Vgl. gesonderten Abschnitt im Literaturverzeichnis dieser Untersuchung

[24] PWC, 2010, Hgs. Von Till Lohmann und Elmar Görtz;
Diese Studie baut auf den Ergebnissen der PwC-Studie „Managing tomorrow's people – Erfolgsrezepte und Perspektiven für HR-Transformationen“

Folgende Thesen wurden überprüft:

1. Der Trend zum Businesspartner im Personalbereich setzt sich fort und stellt HR-Organisatione vor große Herausforderungen.
2. Die HR-Businesspartner beschäftigen sich immer noch mit zu vielen operativen Aufgaben und haben wenig Zeit für strategische und wertschöpfende Aktivitäten.
3. Der Wertbeitrag von HR-Businesspartnern lässt sich durch Einsatz richtiger Stellhebel noch erheblich steigern.
4. Die Kunden des Personalbereichs erwarten von HR-Businesspartnern vor allem eine direkte Unterstützung bei strategischen und geschäftsbezogenen Personalthemen, die nicht in Shared-Service-Centern (SSC) oder Centers of Expertise (CoE) abgebildet werden können.
5. HR BP benötigen zur erfolgreichen Ausübung ihrer Rolle andere Qualifikationen als in einer herkömmlichen HR-Organisation. Die richtige Auswahl der Mitarbeiter und die gezielte Weiterentwicklung ihrer persönlichen und fachlichen Kompetenzen muss sichergestellt werden.

Diese Thesen wurden durch die Ergebnisse der Studie weitestgehend bestätigt:

- In vielen Unternehmen ist die Transformation zur HR-Businesspartner-Organisation auf halbem Weg stehen geblieben und es wurden nicht alle drei Bestandteile – HR-Businesspartner, Shared-Service-Center und Centers of Expertise – vollständig implementiert.
- Vom Personalreferenten-Modell bis zum echten Businesspartner-Modell sind viele verschiedene Zwischenformen in den Unternehmen vertreten.
- Die Zufriedenheit der Kunden mit den Leistungen der HR- Businesspartner ist hoch.
- Die meist individuelle Abstimmung zwischen Führungskräften und HR-Businesspartnern erschwert eine Optimierung der Zusammenarbeit und Weiterentwicklung der gesamten HR-Businesspartner-Organisation auf Unternehmensebene.
- Führungskräfte nehmen den Anspruch der strategischen Ausrichtung der Businesspartnerfunktion kaum wahr; sie fordern vielmehr eine stärkere operative Unterstützung in Bezug auf direkt geschäftsbezogene Themen.

Daher scheint die Frage berechtigt, inwieweit die Vorstellungen von der HR-Rolle, die der als Businesspartner ausgerichtete Personalbereich gern einnehmen möchte, mit den Erwartungen und Anforderungen der Führungskräfte an den HR-Businesspartner übereinstimmen.

Dadurch wurden fünf Stellhebel von PWC zur Steigerung des Wertbeitrags von HR-Business Partnern identifiziert:

1. Die erfolgreiche Implementierung des HR-Businesspartner-Modells setzt eine erfolgreiche und ganzheitliche Transformation der HR-Organisation voraus.
2. Die Prozesse, Aufgaben und Schnittstellen der drei Schlüsselfunktionen müssen klar definiert, aufeinander abgestimmt, vollständig implementiert und durch benutzerfreundliche IT-Systeme zielgerichtet und effizient unterstützt werden.
3. Der Auswahl, Positionierung und Weiterqualifikation der HR-Businesspartner muss höchste Aufmerksamkeit geschenkt werden. Die Verwendung eines spezifischen Qualifikations- und Kompetenzprofils, eine zielgerichtete Beurteilung und ein maßgeschneidertes Curriculum sorgen dafür, dass die richtigen Personen als Businesspartner zum Einsatz kommen.
4. Die HR-Businesspartner benötigen geeignete Tools und Instrumente, die sie bei ihrer strategischen Arbeit für ihre Kunden aktiv unterstützen
5. Die Führungskräfte tragen als Kunden der HR-Businesspartner maßgeblich zur erfolgreichen Umsetzung der HR-Rolle bei. Die HR-Businesspartner müssen diese Schlüsselpersonen vom Nutzen ihres eigenen Tuns überzeugen und genau klären, was sie in ihrer Rolle leisten können.

Überwiegend werden die neuen Rollen intern mit Mitarbeitern besetzt. Dies sichert zunächst einen reibungslosen Know-how- Transfer, doch längerfristig führt dies häufig zu Schwierigkeiten und Frustration. Das Hineinwachsen in diese Aufgabe und die Positionierung als gleichwertiger Gesprächspartner der Geschäftsbereiche bedarf eines längeren systematisierten Veränderungsprozesses. Insbesondere für HR-Businesspartner sind eine systematische Auswahl sowie stringente Trainings- und Entwicklungsmaßnahmen als Vorbereitung sehr wichtig. Elementare Voraussetzung für eine Akzeptanz der Businesspartner in ihrer neuen Rolle ist, dass sie die geforderten fachlichen und überfachlichen Kompetenzen aufweisen.

Eine gezielte Vorbereitung findet in 61 % der Unternehmen über Jobrotation, gezielte Weiterbildungsprogramme bis hin zur Begleitung durch einen erfahrenen HR-Businesspartner statt. Bei den Übrigen findet die Vorbereitung über selbsttätige, jedoch unsystematische Weiterentwicklung statt.

Persönliche Eigenschaften

Die Führungskräfte nehmen besonders die Teamfähigkeit und das Einfühlungsvermögen wahr. Glaubwürdigkeit und Beratungskompetenz des HR-Businesspartners gehören zu den wichtigsten Eigenschaften.

Für HR-Businesspartner ist besonders Verlässlichkeit, Eigeninitiative sowie Kunden- und Serviceorientierung wichtig. Gerade die Eigeninitiative der HR-Businesspartner wird jedoch von den Geschäftsbereichen kaum wahrgenommen bzw. wertgeschätzt. Sie wünschen sich einen persönlichen Ansprechpartner, der auf Nachfrage hin Personalfragen fachkundig und zuverlässig löst.

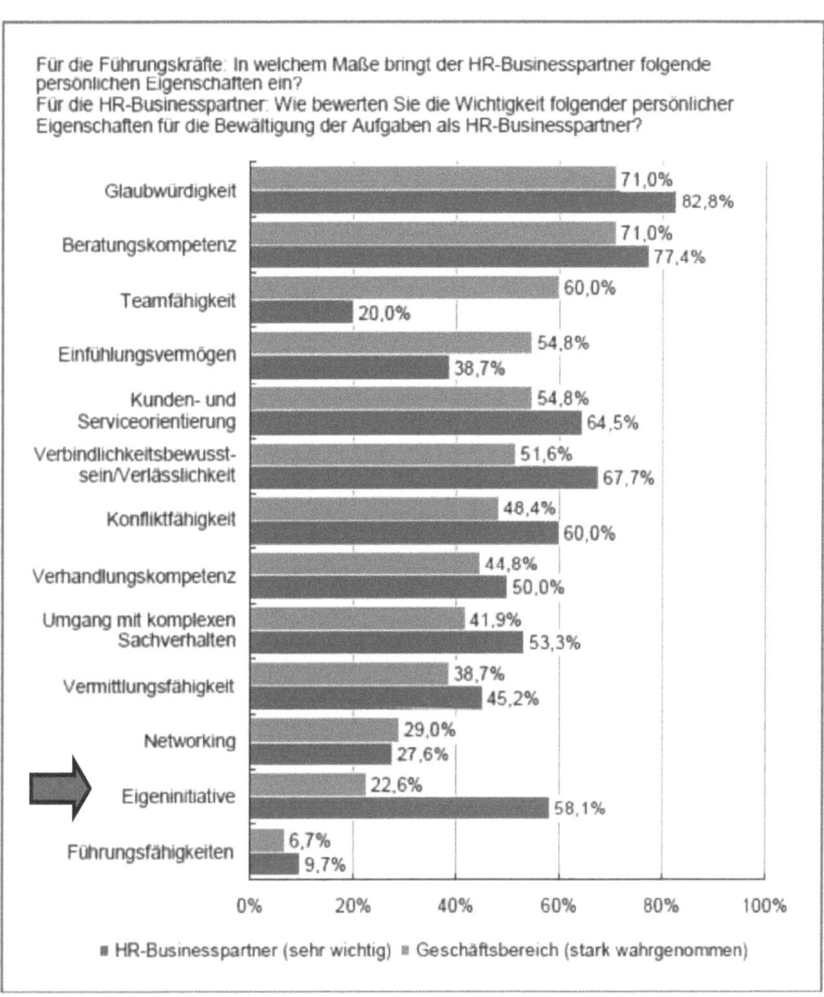

Abbildung 8: Persönliche Eigenschaften des HR BP

Fachliche Eigenschaften

Für beide Seiten gehören eindeutig gute personalwirtschaftliche Kompetenzen zur Rolle eines HR-Businesspartners dazu und werden als Handwerkszeug erwartet.

Die HR-Businesspartner verstehen sich jedoch gemäß ihrer Rolle vor allem als strategische Berater und Change Manager, die geschäfts- und systembezogen agieren (wollen).

Die Führungskräfte wünschen sich jedoch weniger den strategischen Berater; ihnen kommt es mehr auf das klassische Know-how eines Personalreferenten an, der sie vor allem in operativen Personalfragen (Personalwirtschaft, Arbeitsrecht) und bei konkretem Bedarf auch in Bezug auf Veränderungsprozesse unterstützt.

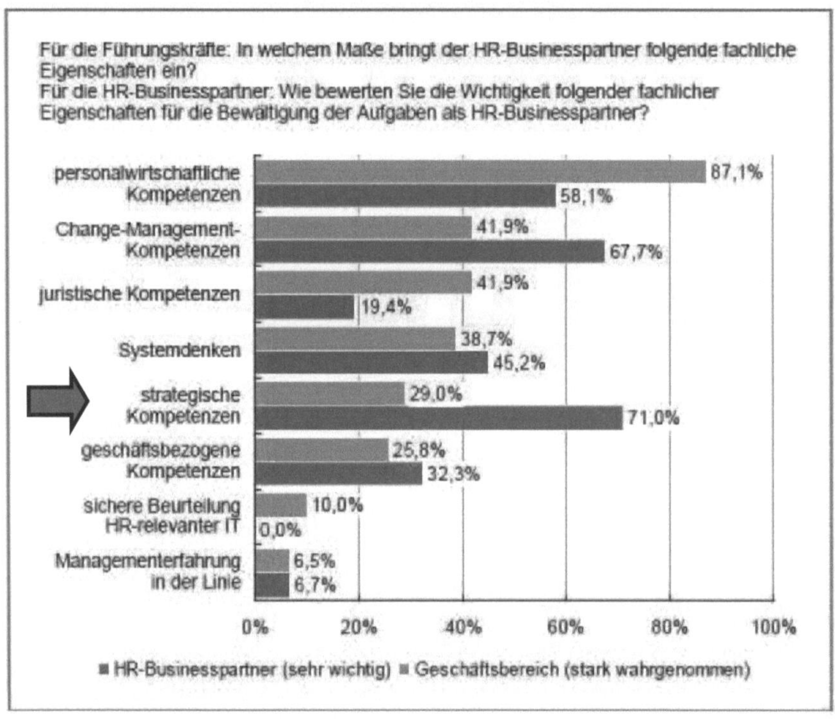

Abbildung 9: Fachliche Eigenschaften des HR BP

Laufbahn- bzw. Karrieremodell?

Ein eigenes Laufbahn- bzw. Karrieremodell für HR- Businesspartner besteht nur in 29 %. In den meisten Unternehmen steht erst noch deren vollständige Einführung im Vordergrund.

Die Entwicklung verläuft dabei meist aus einem operativen HR-Bereich über zunehmende fachliche Spezialisierungen in den Centers of Expertise hin zu einer schrittweisen Vergrößerung des Bereichs, der als Businesspartner betreut wird.

HR-Businesspartner eignen sich Kenntnisse über Branchen, Märkte, Produkte und Kunden ihres betreuten Fachbereichs vor allem über regelmäßigen Austausch mit den Führungskräften (97 %) und das Studium von Fachliteratur (67 %) an.

Direktes Training on the Job in der betreuten Einheit (33 %) oder andere Trainingsformen (17 %) spielen eine deutlich weniger wichtige Rolle. Der Erfolg dieser branchenspezifischen Weiterbildung zeigt sich bei der Befragung der Führungskräfte aus den Geschäftsbereichen: Eine klare Mehrheit bestätigt (81 %), dass die HR-Businesspartner über ausreichende Branchenkenntnisse verfügen: In der Weiterentwicklung setzen HR-Businesspartner vor allem auf

- einen direkten Wissenstransfer innerhalb der HR-Organisation (73%)
- Trainingsangebote/E-Learning (53 %)
- Coaching- und Mentoren Programme (50 %)

Organisatorisch aufwendigere Weiterbildungsangebote wie die Erhebung von Kundenfeedback, Trainingsangebote in der betreuten Einheit oder Jobrotation in der HR-Organisation werden wesentlich seltener wahrgenommen.

Spezifische Entwicklungsmaßnahmen, die den HR-Businesspartner befähigen, erfolgreich mit Veränderungssituationen umzugehen, werden etwa der Hälfte(58 %) der Befragten angeboten. Eine entsprechende Weiterbildung erfolgt meist in Trainingsveranstaltungen zum Thema Change-Management oder durch individuelles Coaching durch erfahrene Kollegen.

Führungskräfte listen folgende Aspekte auf, wie HR-Businesspartner den Wertbeitrag für die Geschäftsbereiche noch weiter steigern können:

- besondere Unterstützung der Führungskräfte in Bezug auf Personalauswahl und -beurteilung, Mitarbeiter- und Trennungsgespräche
- genaue Kenntnis der Branche und der daraus abgeleiteten HR-Themen
- direkter/persönlicher Kontakt mit Geschäftsbereichen
- Optimierung der Prozesse, Strukturen, Zuständigkeiten, Schnittstellen und Ansprechpartner im (weltweiten) Personalbereich
- Verbesserung der IT-Systeme und der Datenqualität für Reports

Hieran wird deutlich, dass es den Führungskräften eigentlich nicht um eine Weiterentwicklung der (Anm. des Autors: strategischen) HR-Businesspartner-Rolle geht. Aus ihrer Sicht ist diese strategische Aufwertung der Personalfunktion weniger relevant. Sie wünschen sich „nur“ einen persönlichen „HR-Manager“, der sie individuell in personalrelevanten Fragestellungen konkret, schnell und zuverlässig unterstützt

Aufseiten der Businesspartner lässt sich dadurch eine gewisse Unzufriedenheit ableiten. Sie wünschen sich durchgängig eine stärkere Beteiligung an strategischen Entscheidungsprozessen und einen größeren Spielraum für eigeninitiatives Handeln.

2.3.2 HR Image Studie 2011

Für das weitere Verständnis der Rollen von HR BP und insbesondere für das Selbstverständnis von Strategic Partnern ist die HR-Image-Studie 2011[25] besonders wertvoll. Auch hier werden die Perspektiven des Personalmanagements mit der von Kunden (Führungskräfte und Mitarbeiter) gegenübergestellt.

Die Autoren Christoph Beck (FH Konstanz) und Frauke Bastians (YouGovPsychonomics AG) verfolgen das Ziel, mehr Transparenz hinsichtlich der Eigen- und Fremdwahrnehmung von Personalabteilungen und HR-Dienstleistungen zu schaffen. Von November bis Dezember 2010 haben 1.056 HR-Kunden und 331 Personaler mittels einer Online-Befragung Ihre Einschätzungen abgegeben, die in der Summe imageprägend für den HR-Bereich sind. Auf diese Weise sollen Ansatzpunkte ermittelt werden, um das Image des Unternehmensbereichs zu verbessern.

Im Ergebnis lassen sich vier Trendentwicklungen ablesen.

1. Positionierung: Kompetenzen ausbauen

Die seit über zehn Jahren andauernde Diskussion um HR als „Strategic-Business-Partner“ ist in der Praxis der Personalabteilung angekommen. Jedoch nehmen die Kunden von HR dies noch nicht so wahr. So sehen Personaler sich selbst zunehmend in den Rollen des „Employee Champions“, des „Change Agents“ und des „Strategic Partners“ und nur noch zu geringen Teilen in der Rolle des „Administrative Expert“. Die HR-Kunden sehen aber noch zu 68% die Rolle

[25] Vgl. HR Image Studie 2011

als „Administrative Expert“ bestätigt. Nur 30% nehmen ihre Personalabteilung in der Rolle des „Strategic Partner“ und 33 % als „Change Agent“ eindeutig wahr.

61 % der Personaler geben an, thematisch im obersten Entscheidungsgremium vertreten zu sein. Aber sie bestätigen gleichzeitig, dass sie nur zu 46 % auf Entscheidungen Einfluss nehmen können. Allerdings stellt sich hier die Frage nach Ursache und Wirkung. Denn bisher sind die nötigen Kompetenzen für einen „Strategic-Business-Partner“ noch nicht deutlich ausgeprägt – das merken die Personaler in der Studie selbstkritisch an.

Die Attribute „aktiv“, „kompetent“, „strategisch“ und „innovativ“ liegen bei Werten von unter 50 %. In Anbetracht dieser Ergebnisse dürfte es nicht einfach werden, sich als gleichberechtigter Partner im Business zu positionieren, wenn HR nicht auch die Business Kompetenzen stärker ausbaut. Dies gilt zumindest für all jene HR-Bereiche, die für sich den „Strategic- Business-Partner“ als Zielprojektion definiert haben.

2. Marktorientierung: Portfolio überdenken

Selten decken die angebotenen HR-Produkte und -Dienstleistungen den Kundenbedarf und die Kundenbedürfnisse. Nur 34 % der HR-Kunden bestätigen, dass die Dienstleistungen der jeweiligen Personalabteilungen auch den Bedarf der Abteilungen decken, und lediglich 32 % der HR-Kunden stimmen zu, dass HR die Bedürfnisse der Mitarbeiter wirklich kennt.

Die Kunden sehen die Stärke von HR „nur“ in der Personalentlohnung und -verwaltung, während der Leistungsgrad der anderen HR-Felder kundenseitig lediglich Zustimmungswerte in Höhe von 26 bis 45 % erreichen.

Nur 33 % der HR-Kunden stimmen zu, dass ihre Personalabteilungen einen Wertschöpfungs-beitrag zum Unternehmenserfolg leisten.

Nur 72 %der Personaler schreiben ihrer Arbeit einen Wertschöpfungsbeitrag zum Unternehmenserfolg zu und sogar 9% sehen in ihrer Arbeit nahezu keinen Wertschöpfungs-beitrag.

3. Marketingorientierung: Kommunizieren

Eine andere Ursache für die schlechten Werte in der Fremdwahrnehmung der Marktorientierung könnte auch die fehlende oder fehlerhafte Kommunikation von HR sein. So stimmen lediglich 33% der HR-Kunden der Aussage zu, dass sie über das Leistungsprogramm ihrer Personalabteilung umfassend informiert sind, und auch nur 35 % bestätigen, dass sie über Projekte, Neuerungen und Änderungen von HR regelmäßig und zeitnah informiert werden.

4. Image: Klar positionieren

Nur 43 % der Kunden bescheinigen ihren Personalabteilungen einen guten Ruf im Unternehmen. Unter den Führungskräften fällt die Einschätzung dabei positiver aus als unter den Mitarbeitern. Auch werden Personalabteilungen bei den Unternehmen mit unter 1.000 Mitarbeitern bei ihren Kunden positiver bewertet als bei den Unternehmen mit mehr als 1.000 Mitarbeitern. Das Image der Personalabteilung hängt nicht nur von den tatsächlichen Erfolgen ab, sondern auch, ob den Mitarbeitern bewusst ist, was die Personalabteilung leistet.

Es ist anzunehmen, dass mehr Transparenz über die Aufgabenwahrnehmung und die Einzelerfolge sich positiv auf das Image der Personalabteilung auswirkt.
Diese Ergebnisse können dennoch keinen Personaler zufriedenstellen – mit Wahrnehmungsunterschieden im Maximum von 50 %punkten sind die Unterschiede zwischen der Eigen- und Fremdwahrnehmung von HR zu gravierend. Erst wenn sich der HR-Bereich klar positioniert hat, HR-Produkte und HR-Dienstleistungen anbietet, die die Bedarfe und die Bedürfnisse der jeweiligen Zielgruppen befriedigen und diese auch professionell vermarktet, können die Imagewerte von HR steigen.

Die Studie macht mehr als deutlich, dass der strategische Ansatz vom HR BP kaum Relevanz hat. Woran dies liegt und ob dies ein Hinweis darauf ist, dass man auch deshalb auf diese Kompetenz verzichten sollte, wird im Verlauf dieser Untersuchung geprüft.

2.4 Definition von Kompetenzen

Wenn Handlungsempfehlungen für die Kompetenzentwicklung von HR Business Partner entwickelt werden sollen, so muss im Vorfeld ein gemeinsames Verständnis entwickelt werden, was unter Kompetenz zu verstehen ist. Es werden nun drei wichtige Vertreter der Kompetenzforschung vorgestellt, um deutlich zu machen, wie wichtig das entsprechende Verständnis von Kompetenz und folglich deren Entwicklung ist. Dieses Verständnis hat gewissermaßen gravierende Auswirkungen auf die methodische Anwendung in der Praxis.

Für Weinert[26] (2001) beschreibt das Konstrukt Kompetenz eine „Kombination kognitiver, motivationaler und sozialer Fähigkeiten, die in ihrer jeweiligen Ausprägung in komplexe Handlungssysteme eingebettet sind und die als eine notwendige Voraussetzung für die erfolgreichen Bewältigung komplexer Aufgabenzusammenhänge einzuordnen sind".

Weinert entwickelt verschiedene Facetten dieses Kompetenzkonstrukts. Kompetenz wird dadurch verstanden als:

- intellektuelle Fähigkeit = die kognitiven Ressourcen zur Bewältigung sich verändernder Aufgaben mit unterschiedlichen Inhalten, zur Gewinnung notwendigen Wissens und zur Erreichung einer hohen Leistung
- spezifische Leistungs- oder Ergebnisdisposition = Klassifikation von kognitiven Fähigkeiten, Fertigkeiten, Wissen, Strategien und Routinen, die zur Bewältigung für unterschiedliche Klassen von spezifischen Erwartungen oder Erfolgskriterien der Umwelt notwendig sind
- Motivationsprozess = Wertschätzung der persönlichen Fähigkeiten zur Erreichung von Leistungszielen und ihr Einfluss auf die Verhaltensmotivierung
- Handlungskompetenz = als kognitive und motivationale Dispositionen in Bezug auf die Ziele, Anforderungen und Aufgaben in einem ausgewählten Handlungskontext
- Schlüsselkompetenzen = Kompetenzen, die zur Erreichung guter Leistungsergebnisse in einer großen Spannweite unterschiedlicher Situationen eingesetzt werden können, z. B. sprachliche Fähigkeiten, mathematische Kenntnisse und Fertigkeiten
- Metakompetenzen = verbessern die Fähigkeit zur Akquisition neuer Kompe- tenzen und zur Nutzung verfügbarer Kompetenzen. Sie beziehen sich auf Wissen, motivationale Attributionen und Volitionen, durch die kognitive Ressourcen für verschiedene Aufgaben in unterschiedlichen Sachgebieten und für verschiedene Zwecke oder Ziele eingesetzt werden können

Diese Perspektiven zeigen auf, dass der Kompetenzbegriff nur auf der Ebene einer psychologischen Minimaldefinition mit dem klassischen Begriff der Eignung[27]

[26] Vgl. Weinert, 2001

[27] Anm. des Autors: Vgl. dazu den dreiteiligen Eignungsbegriff nach Gutenberg: (realisiert – latent aber abrufbar – latent aber nicht realisierbar)

gleichzusetzen ist. In der organisationspsychologischen Diagnostik[28]und ebenso in der ökonomischen Bestimmung des Beitrags menschlicher Arbeitsleistung zur betrieblichen Leistung, ist die Eignung bestimmend[29] (vgl. Ridder).

Grundlegender argumentieren Erpenbeck/v.Rosenstiel (2003)[30], indem sie konzeptionelle Positionierungen des Kompetenzkonstrukts auf das Beobachtungsproblem in den Sozialwissenschaften zurückführen. Sie grenzen zwei Richtungen in der Kompetenzforschung ab: eine erklärungsorientierte und eine verstehensorientierte Erkenntnisperspektive:

	Erklärungsorientierte Kompetenzforschung	**Verstehensorientierte Kompetenzforschung**
Ausrichtung	kausale oder statistische Aussagen formulieren, die zukünftiges Handeln voraussagen	Interpretation, Hermeneutik von Geist, Erfahrung und Sprache
Ziel /Beispiel	Effektivitätseinschätzungen von personal-politischen Entscheidungen in Personal-auswahl oder Personalentwicklung	Effektivitätseinschätzungen von personalpolitischen Entscheid-ungen in Personalauswahl oder Personalentwicklung
Methoden	objektive Kompetenzmessverfahren, in denen Fremdeinschätzungen des Beobachtenden die dominierende Rolle spielen	Beschreibungsverfahren , in denen subjektive, metrisch skalierbare und quantifizierbare Selbsteinschätzungen des Beob-achteten gleichwertig neben Fremdeinschätzungen eines Beobachters sind

Tabelle 10: Richtungen in der Kompetenzforschung nach Erpenbeck/v.Rosenstiel

Aus zwei Gründen ist diese Unterscheidung für die Beurteilung von Kompetenzdiagnosen von Bedeutung. Zum einen sind unterschiedliche Bewertungskriterien zur Beurteilung heranzuziehen und zum anderen sind etablierte Verfahren der psychologischen Eignungsdiagnostik auf ihre Eignung zur Erfassung von Kompetenzen zu reflektieren[31].

Kompetenz als Disposition selbst organisierten Handelns

28 Vgl. Lang -von Wins, 2003
29 Vgl. Ridder, 1999
30 Erpenbeck/v.Rosenstiel, 2003, S.19 ff.
31 Vgl. Lang-von Wins, 2003, S. 594

Erpenbeck/v.Rosenstiel (2003) entwickeln den Kompetenzbegriff als „Disposition des selbst organisierten Handelns eines autonomen Subjekts“.

Kompetenz ist nicht beobachtbar und daher das Ergebnis einer Zuschreibung auf Grund beobachtbarer Verhaltensweisen, die durch das Urteil eines Beobachters erfolgt.

Als Korrespondenzbegriff entwickeln die Autoren das Konzept der Qualifikation, die als „Wissens- und Fertigkeitspositionen in normierbaren Prüfungssituationen“ zertifiziert wird. Qualifikationen sind in Bezug auf organisatorische Sachverhalte und damit verbundene Leistungsparameter sachlich eindeutig. Kompetenzen sind subjektzentriert und nur in Bezug auf beobachtbare Realisierungen organisatorischer Leistungen rekonstruierbar. Diese Realisierungen repräsentieren

- das in Kompetenzen enthaltene nicht-explizite Wissen in Form von Emotionen, Motivationen, Einstellungen, Fähigkeiten, Erfahrungen und Willensantrieben
- die zu Emotionen und Motivationen verinnerlichten Werte und Normen.

Dispositionen selbst organisierten Handelns werden in komplexen Situationen relevant, in denen aufgrund der Unbestimmtheit und Unsicherheit sachliche Zielfunktionen und die darauf bezogene Suche nach Problemlösungen nicht eindeutig determiniert sind. Bedingung für die Bewältigung dieser komplexen Entscheidungs- und Entwicklungsprozesse sind Strategien selbst organisierten Handelns. Kompetenzen befähigen also Menschen dazu, diese unterschiedlichen Suchstrategien auszuführen.

Diese Konstruktion ermöglicht die Differenzierung von Dispositionen selbst organisierten Handelns, die als Kompetenzklassen bezeichnet werden.

Auf Grundlage dieser Unterscheidungen differenzieren Erpenbeck/v.Rosenstiel (2003) zwei grundlegende Kompetenztypen, in denen Strategien selbst organisierten Handelns beschrieben werden. Es werden zur Bewältigung unterschiedlicher Problemlösungs-prozesse verschiedene Kompetenzklassen gebündelt:

Kompetenztyp I

beschreibt Kompetenzen, die für **Selbststeuerungsstrategien** notwendig sind, d.h. für die Suche nach dem schnellsten Weg zu einem eindeutigen Optimum bei unscharfer, aber <u>bekannter Zielfunktion</u>. Selbststeuerungsstrategien beruhen auf der Disposition fachlich-methodischer Kompetenzen.

Kompetenztyp II

beschreibt Kompetenzen, die für **Selbstorganisationsstrategien** notwendig sind, d. h. für die Bewältigung von Problemsituationen mit mehrdeutigen Lösungen und einer offenen Zielfunktion, die sich zudem im Verlauf des Suchprozesses verändern kann. Selbstorganisationsstrategien beruhen auf der Disposition personaler, sozial-kommunikativer und aktivitätsorientierter Kompetenzen.

Darauf aufbauend gelangen Erpenbeck und von Rosenstiel durch Klassifikation der Handlungsmöglichkeiten zu vier Kompetenzklassen:

- **Personale Kompetenzen** (Handeln an sich selbst). Hierzu gehören die Kompetenzen, "reflexiv selbstorganisiert zu handeln", also Selbsteinschätzung, die Entfaltung von Einstellungen, Motivation und die persönliche Entwicklung. Der Mensch soll sich selbst einschätzen, produktive Einstellungen, Werthaltungen, Motive und Selbstbilder entwickeln und sich in und außerhalb der Arbeit kreativ entwickeln und lernen.
- **Fachlich-methodische Kompetenzen** (Handeln an der gegenständlichen Umwelt).
  Hierzu gehören alle Kompetenzen zur Lösung von sachlich-gegenständlichen Problemen, was sowohl Kenntnisse, Methoden und deren Weiterentwicklung umfasst. Fachkompetenzen sind gekennzeichnet durch den Einsatz von Fachkenntnissen und beruflichem Erfahrungswissen in einer konkreten beruflichen Aufgabenstellung.

Methodenkompetenzen sind die Beherrschung unterschiedlicher Techniken und Praktiken zur Beschaffung und Selektion von Informationen, zu deren Verwertung im Entscheidungsprozess und zur Ableitung und Durchführung von Handlungen.

- **Sozial-kommunikative Kompetenzen** (Handeln an der sozialen Umwelt). Dies umfasst alle Kompetenzen, kommunikativ und kooperativ zu handeln, sich mit anderen auseinanderzusetzen und sich beziehungsorientiert zu verhalten. Sie bezeichnen die Fähigkeit, soziale Beziehungen in einer Gruppe oder Organisation einzugehen, sich zu integrieren und auch zu behaupten.
- **Aktivitäts- und umsetzungsorientierte Kompetenzen** (Grundlagen des Handelns). Diese Kompetenzen sind die Grundlage für die Integration der anderen Kompetenzen mit dem eigenen Willensantrieb und umfasst das Ingangsetzen und nachhaltige Durchführen von Handlungen.

Methodisch sind „Dispositionen selbst organisierten Handelns" als individuelle Ausprägungen kontinuierlicher Merkmale von Kompetenzklassen zu interpretieren. Deshalb sind sie messbar. Personenmerkmale, Fertigkeiten bzw. Qualifikationen und Fähigkeiten repräsentieren somit unterschiedliche Grade der Regulierung von Tätigkeiten.

Zusammengefasst kann abschließend festgestellt werden:

Kompetenzen sind

- Kontextspezifisch: Sie sind auf die verrichtete Tätigkeit bezogen und konkretisieren sich im Moment der Problemlösung und Anwendung.
- Personengebunden: Sie sind in der „Erfahrungsbiographie" und Persönlichkeit einer Person angelegt und bestimmen das Verhalten in Bezug auf die Aufgaben bzw. Situation.
- Lernbar: Kompetenzen sind grundsätzlich lernbar. Allerdings finden viele Lernprozesse unbewusst statt. Einzelne Kompetenzen sind nicht unabhängig voneinander.
- Evaluierbar: Sie lassen sich durch operationalisierte Verfahren diagnostizieren oder messen.

Der verwendete Kompetenzbegriff versteht sich als Selbstorganisationsdisposition zu reflektivem und kreativem Problemlösungshandeln in verschiedensten Situationen. Kompetenzen sind also mehr als nur Wissen oder Fertigkeiten, mehr als Qualifikationen oder erlerntes Wissen. Sie sind das, was Menschen dazu bewegt, in einer unbekannten Situation auf bestimmte Weise aktiv zu werden; also ein komplexer Wechsel von Wissen, Überzeugungen, Werthaltungen und Handlungstendenzen.

Diese Ausführungen sollen verdeutlichen, welcher Kompetenzbegriff dem Autor in seinen Interviews zugrunde liegt, wenn er nach Kompetenzentwicklung für HR BP fragt.

Gerade die Differenzierung der Dimension „bekannte versus offener Zielfunktion" im Rahmen der Kompetenztypen I und II erscheinen dem Autor als ein wichtiges Kriterium bei der Untersuchung der Strategiefähigkeit.

2.5 Forschungsinteresse

Erstaunlich ist, dass immer wieder von Strategiefähigkeit der HR BP die Rede ist, aber weder in den Studien, noch in den Modellen, diese Kompetenz genauer reflektiert wird.

Es geht in dieser Untersuchung um die Frage, in wie weit ein Studiengang bzw. eine interne Weiterbildung die Kompetenzentwicklung zum strategischen HR BP fördern kann.

Dabei hat der Autor zwei Thesen:

These 1: HR ist strategisch (noch) nicht ausgebildet.

These 2: Wenn HR seine Strategiekompetenz durch Ausbildung erhöht, dann steigt die Akzeptanz des Kunden als Business Partner.

2.5.1 Konkrete Forschungsfragestellung

Ziel der vorliegenden Arbeit ist es, Erkenntnisse über die in der Praxis notwendigen Kompetenzen von Strategic Partnern als HR Business Partner zu erlangen, sowie die Relevanz der Strategiefähigkeit zu prüfen, um daraus Handlungsempfehlungen für deren Kompetenzentwicklung abzuleiten.

Die zentralen Forschungsfragen dieser Untersuchung lauten:

Nr.	Zentrale Forschungsfragen
1	Worin besteht das allgemeine Kompetenzprofil für HR BP?
2	Welche Bedeutung hat die strategische Kompetenz für HR BP? Wie wird strategische Kompetenz im Unternehmen erkannt und gefördert?
3	Wie kann eine externe Aus- oder Weiterbildung einen Strategic Partner in seiner Rolle als HR Business Partner unterstützen?

Tabelle 11: Zentrale Forschungsfragen

3 Methoden

Das folgende Kapitel beschreibt die vom Autor verwendeten Methoden der qualitativen Sozialforschung. Dabei liegt der Fokus auf einer kurzen Erläuterung der angewendeten Verfahren und beschreibt den Ablauf des Forschungsprozesses anhand einzelner Untersuchungsschritte.

In dieser Arbeit sollen anhand von leitfadengestützten Interviews Handlungsempfehlungen für die Kompetenzentwicklung von HR Business Partnern generiert werden. Dies erfolgte gemeinsam mit Experten aus Hochschulen, Beratungsunternehmen und Vertretern aus großen Unternehmen, die sich im HR Transformationsprozess befinden.

Die subjektiven Erfahrungen der Interviewpartner mit den Themen Kompetenzprofile von HR Business Partnern und die Relevanz von Strategiefähigkeit stehen in dieser Arbeit im Mittelpunkt. Da qualitative Verfahren, aufgrund ihrer deutenden und sinnverstehenden Herangehensweise, den Zugang zu subjektiven Sichtweisen ermöglichen, wurden die Forschungsfragen mit qualitativen Methoden aus der Sozialforschung bearbeitet.

3.1 Qualitative Sozialforschung

Qualitative Forschungs-Settings wollen alltäglichen Interaktionen möglichst nahe kommen oder sind in der Lebenswelt selbst situiert. Angestrebt werden genaue, vollständige und Aspekt reiche Darstellungen, die neben typischem auch Besonderheiten der Situation nachvollziehbar dokumentieren. Insofern stehen Einzelfälle im Mittelpunkt.[32]

Die Entscheidung für qualitative Forschung sollte im untersuchten Gegenstand begründet sein. Qualitative Methoden eignen sich vorzugsweise für komplexe, vieldeutige oder auch widersprüchliche Felder. Die Auswahl der Untersuchungsfälle erfolgt nicht nach zahlenmäßiger Repräsentativität, sondern nach theoretischen Gesichtspunkten ("theoretical sampling") und wird im Forschungsverlauf prozesshaft angepasst.

Über die Forschungsfragen bestehen bisher unzureichende Kenntnisse oder Hypothesen, die überprüft werden könnten. Deshalb wird in dieser Arbeit ein neuer Gegenstandsbereich näher betrachtet. Qualitative Forschungsmethoden unterstützen die Exploration neuer Forschungsfelder.

Nach Steinke (2000)[33] kann qualitative Forschung nicht ohne Bewertungskriterien bestehen. Die jeweilige Fragestellung, Methode und der spezifische Untersuchungsgegenstand sind zu berücksichtigen. Daran orientieren sich breit angelegte Kernkriterien, die untersuchungsspezifisch modifiziert werden müssen. „Auf der Grundlage mehrerer Kriterien sollte entscheid bar sein, ob das bestmögliche Ergebnis erzielt wurde“. Für die vorliegende Arbeit sind folgende Kriterien nach Steinke von Bedeutung:

Intersubjektive Nachvollziehbarkeit

Die Einzelschritte der Untersuchung sind so transparent zu gestalten, dass die Interpretationen und damit auch die Intersubjektivität der Forschungsergebnisse

[32] Vgl. Flick, U., 2002
[33] Vgl. Steinke, 2000, S. 331f.

nachvollziehbar sind. Dies geschieht durch eine Dokumentation der Forschungsprozesse, das heißt es werden unter anderem das Vorverständnis des Autors, die Erhebungsmethoden und die Auswertungsmethoden nachvollziehbar dokumentiert. Hinzu kommt die Anwendung kodifizierter Verfahren. Damit ist die „Explikation und systematische Analyse des Vorgehens mit dem Ziel der logischen Formulierung von Methoden“ gemeint. Die Vereinheitlichung methodischen Vorgehens soll weitestgehend mittels dieser Verfahren wie zum Beispiel der Grounded Theory erreicht werden. Die Nachvollziehbarkeit der Untersuchung durch Dritte wird somit erleichtert.

Indikation des Forschungsprozesses

Hiermit ist die Beurteilung des gesamten Forschungsprozesses hinsichtlich seiner Angemessenheit bezüglich der Erhebung und Auswertung der erhobenen Daten gemeint. Es wird z. B. geprüft, ob die qualitative Forschung angesichts der Fragestellung den geeigneten Zugang zu den Daten ermöglicht. Des Weiteren soll geprüft werden, ob Erhebungs- und Auswertungsmethoden zueinander passen.

Empirische Verankerung

Qualitative Forschung zeichnet sich durch ihre direkt am Datenmaterial entwickelten Hypothesen bzw. Theorien aus. Diese werden durch kodifizierte Methoden wie zum Beispiel der Grounded Theory evaluiert. Anhand von Textpassagen wird geprüft, ob es ausreichend Belege für die generierte Hypothese/Theorie gibt. Des Weiteren wird die Hypothese/Theorie durch analytische Deduktion geprüft, d.h., anhand von Einzelfallanalysen werden bereits gefunden Phänomene bestätigt und ggf. modifiziert.

Relevanz

Der Forschungsprozess und die generierte Hypothese werden bezogen auf die Relevanz der Fragestellung und zudem wird der Beitrag der entwickelten Theorie evaluiert.

Reflektierte Subjektivität

Da der Forscher als Subjekt Teil der sozialen Wirklichkeit der Untersuchungssituation ist und diese durch seine Vorannahmen, sein Vorwissen, seinen Kommunikationsstil und biographischen Hintergrund mitgestaltet, muss geprüft werden, inwieweit er die Theoriebildung dadurch beeinflusst hat .

Hierbei ist anzumerken, dass „jede Bedeutung immer schon reflexiv auf alle anderen Bedeutungen verweist und das Verständnis von Einzelaktionen das Verständnis des Kontextes voraussetzt“[34] (Lamnek). Eine unvoreingenommene Erfassung der Realität ist somit nicht möglich.

3.2 Datenerhebung

Insgesamt wurden 13 Leitfadengestützte Experteninterviews durchgeführt. Davon wurden 12 Interviews telefonisch geführt und hatten eine durchschnittliche Dauer von 47min. Sämtliche Interviews wurden mit Einverständnis der Interviewpartner mit dem Diktiergerät aufgezeichnet und anschließend transkribiert.

3.2.1 Leitfadengestützte Interviews

Obwohl leitfadengestützte Interviews in der qualitativen Forschung eher als zu standardisiert angesehen werden, um auf den ersten Blick dem Prinzip der Offenheit nach Lamnek (1995)[35] zu entsprechen, hat der Autor diese Form der Interviews gewählt. Diese Entscheidung hatte vor allem drei Gründe:

1. Im Rahmen von Experteninterviews fördern Leitfadeninterviews die thematische Begrenzung des Forschungsinteresses. Dadurch wird sowohl der Interviewte als auch der Forscher während des Interviews unterstützt. Außerdem hilft diese Form der Interviews dem Forscher, sich mit den „Expertenthemen“ (Kompetenzprofile von HR BP) vertraut zu machen[36].
2. Integration des theoretischen Vorwissens in den Forschungsverlauf[37]:Das Vorwissen des Autors wurde bei der Gestaltung des Leitfadens berücksichtigt, indem er unter anderem anhand der in vielfältigen HR Studien erläuterten Kompetenzprofile für HR BP entwickelt wurde. Dieses Vorgehen führt nach Kelle und Kluge (1999)[38] zu empirisch gehaltvollen Kategorien und Aussagen. Der Interviewleitfaden diente als Orientierungshilfe und wurde sowohl innerhalb des Gespräches durch ad hoc Fragen, als auch nach den Interviews modifiziert.

[34] Vgl. Lamnek, 1995, S. 25
[35] Vgl. Lamnek, 1995
[36] Vgl. Meuser & Nagel, 1991
[37] Vgl. Kelle & Kluge, 1999
[38] Vgl. Kelle & Kluge, 1999

3. Des Weiteren erleichtert der Interviewleitfaden die systematische Vergleichbarkeit und Kontrastierung des erhobenen Datenmaterials. Diese sind für Beschreibung, Analyse und Erklärung sozialer Strukturen unverzichtbar.[39]

3.2.2 Auswahl der Interviewpartner

Die Auswahl geeigneter Interviewpartner erfolgte aufgrund einer Stichprobenplanung. Um eine größtmögliche Heterogenität der Daten zu gewährleisten, hat der Autor Interviewpartner aus Deutschland und der Schweiz, aus sehr großen, internationalen Konzernen und auch mittelständischen Unternehmen, aus verschiedenen Branchen, mit unterschiedlichen Perspektiven, Interessen und Bezug zur Forschungsthematik ausgewählt.

In den folgenden Tabellen 12 und 13 werden die Interviewpartner in einer Übersicht dargestellt.

(strategische) Kompetenzentwicklung von HR BP								
	Extern			Intern				Summe
				Unternehmen				
	Hochschulen	Personal Berater D	Personal Berater CH	HR BP reg.	HR BP glob.	HR andere D	HR andere CH	
Männer	2	2	1	1	1	0	2	9
Frauen	0	0	0	2	1	1	0	4
Summe	2	3		3	2	3		
Insgesamt	5			8				13

Tabelle 12: Interviewpartner in der Übersicht – 1

Gruppe	Position	Unternehmens-form	Branche	Unter-nehmens-größe	Ort	t min	♂ ♀
I-1	Vizekanzler	Fachhochschule	Bildung	200	D	85	♂
II-1	GF	HR Beratung	Unternehmens-Beratung	1	D	62	♂

[39] Vgl. Kelle & Kluge, 1999

II-2	GF Dozent	Beratung Hochschulen	Unternehmens- Beratung / HS	≤ 50	CH	55	♂
I- 2	Dozent	Fachhochschule	Bildung	930	D	56	♂
II-3	GF Dozent	Beratung Fachhochschule	Unternehmens- Beratung / HS	1	D	46	♂
IV-1	HR BP	Produktion	Energie	1.400	D	26	♀
IV-2	HR BP	Handel	Elektro	70.000	D	41	♀
III-1	PL	Dienstleistung	IT	600	CH	58	♂
V-1	HR BP glob	Produktion	Pharma	23.000	D	60	♂
IV-3	HR BP	Dienstleistung	Banken	4.800	D	40	♂
V-2	HR BP glob	Produktion	Energie	50.000	D	32	♂
III-2	Ltg. SSC	Produktion	Chemie	8.300	CH	35	♂
III- 3	Ltg. PE/OE	Dienstleistung	Verkehr	290.000	D	62	♀

Tabelle 13: Interviewpartner in der Übersicht – 2

GF = Geschäftsführer; PL = Personalleitung; HS = Hochschule; Ltg. SSC = Leitung Shared Service Center Ltg.PE/OE = Leitung Personal- und Organisationsentwicklung; HR BP glob = HR Business Partner Global; t = Interviewdauer in min; Blau hinterlegt sind die externen Vertreter; Grün hinterlegt sind die internen Vertreter

Eine zentrale Forschungsfrage lautet:

Wie können geforderte Kompetenzen von HR BP durch externe oder interne Aus- und Weiterbildungsmaßnahmen gefördert werden?

Deshalb hat der Autor sein Untersuchungsdesign nach „externen“ und „internen“ Vertretern aufgebaut. Unter „extern“ versteht der Autor Maßnahmen, die von Vertretern außerhalb von Unternehmen gestaltet werden, wie etwa Coachings, Trainings bis hin zu Studiengängen. Unter „intern“ versteht er Maßnahmen, die die Unternehmen im Rahmen der HR Transformation selbständig entwickeln wie etwa Core Learning oder Tandem/Mentor Programme.

Hier muss jedoch angemerkt werden, dass es hierbei auch zu Mischformen kommen kann. Die meisten Unternehmen holen sich bei HR Transformationsprozessen auch externe Berater oder Hochschulvertreter zur Unterstützung. Ebenfalls waren alle Berater auch als Lehrbeauftragte an Hochschulen zu HR Themen tätig. Im Gegenzugdazu waren auch die Vertreter der Hochschulen als Berater für Unternehmensprojekte tätig.

Dennoch soll die Klassifizierung (Hochschule versus externer Berater) aufgrund der unterschiedlichen Schwerpunkte und Herangehensweisen beibehalten werden.

Der Autor hat folgende Wege zur Auswahl von Interviewpartner gewählt:

1. Direkter Kontakt:
   Zur genaueren Schärfung der wissenschaftlichen Fragestellung wurde zwei Monate vor den anderen Interviews mit Herrn Prof. Dr. Thomas Bartscher ein Vor-Interview an der Hochschule Deggendorf geführt.

2. Business Portal XING:
   Hier wurden vom Autor gezielt 28 mögliche Ansprechpartner angeschrieben – davon haben sich 11 Personen zu einem Interview bereit erklärt. Das entspricht einer Rücklaufquote von 39,3%, welches als sehr hoch zu werten ist. Der Autor erklärt sich diese gute Rücklaufquote u.a. mit der Aktualität und Brisanz der Thematik, so wie auch mit den persönlichen Anschreiben. Das XING Portal ermöglicht es, aufgrund der vielen freiwillig preisgegebenen Informationen (z. B deren Interessen) der Mitglieder, individuelle Anschreiben zu gestalten.

3. Messebesuch:
   Der Autor hat die Messe „Zukunft Personal 2011“ in Köln besucht und Ansprechpartner für sein Thema gesucht. Ein Interviewpartner wurde dabei auf der Messe gewonnen. Es handelt sich hierbei um Martin Claßen, der als langjähriger Autor ein ausgewiesener Experte in der HR BP Thematik ist.

4. BPM Berufsverband:
   der Autor ist Mitglied im jungen Berufsverband BPM und ist darin einer virtuellen über 200 Mitglieder starken Gruppe zur HR BP Thematik beigetreten. Umso überraschter war der Autor, dass sein Werben um Interviewpartner auf keine Resonanz stieß. Dies erklärt er sich mit dem sehr unregelmäßigen Nutzen dieser Gruppenfunktion, sowie mit der fehlenden Moderation der virtuellen Gruppe.

3.2.3 Leitfadenkonstruktion

Der ursprüngliche Interview-Leitfaden, der sich eher auf die generellen Kompetenzprofile von HR BP und das Design eines Studienganges konzentrierte, wurde nach Durchführung des ersten Interviews erweitert und für die weiteren zwölf Interviews konstant beibehalten. Der Focus der strategischen Kompetenz und deren Diagnostik veranlassten den Autor, den Interviewleitfaden dahingehend zu erweitern.

Dem Interviewleitfaden liegen die, in Kapitel 2 dieser Untersuchung beschriebenen, theoretischen Modelle, Erkenntnisse und Dimensionen zugrunde.

Der Leitfaden besteht im Wesentlichen aus drei Kernfragebereichen:

Fragebereich	**Fragestellungen**
HR BP Kompetenzprofil	Gibt es in Ihrem Unternehmen ein klares Rollen und Kompetenzprofil vom HR BP? Wenn Ja – worin besteht es? Können Sie mir Ihre persönliche Definition vom HRBP nennen? Was sind für Sie die Kernkompetenzen des HRBP? Kompetenzentwicklung Wie und wodurch wird das HR BP Kompetenzprofil in Ihrem Unternehmen gefördert? Was wünschen Sie sich an weiterer Fortbildung oder Unterstützung?
Strategische Fähigkeit	Was bedeutet Strategische Fähigkeit für einen HR BP? Wie relevant ist diese Fähigkeit zur Ausübung der HR BP Rolle? Kompetenzentwicklung Wie wird die strategische Fähigkeit im Unternehmen erkannt? Wie wird diese gefördert? Was wünschen Sie sich an weiterer Fortbildung oder Unterstützung?
Externe Ausbildung	Kann ein HR BP extern - etwa durch ein MBA Studiengang - gefördert werden? Wenn Ja - wie sollte dieser gestaltet sein?

Tabelle 14: Interviewleitfaden

3.2.4 Interviewdurchführung

Das erste Interview wurde im August 2011 im direkten „face to face“ Gespräch geführt und kann als eine Form des Vorinterviews betrachtet werden. In diesem Interview wurde der ursprüngliche Forschungsansatz teilweise revidiert und zugunsten der aktuell untersuchten Forschungsfragen erweitert und präzisiert.

Es stehen zur Auswertung der Forschungsfragen insgesamt 13 Interviews zur Verfügung, die im Zeitraum von August bis November 2011 durchgeführt wurden. Die 13 Interviewpartner teilten sich auf in 4 Frauen und 9 Männer. Um die Vertraulichkeit zu gewährleisten und den Gesprächsverlauf nicht unnötig zu stören, wurden Anonymisierungen zugesagt. Die in der Danksagung namentlich aufgeführten Interviewpartner waren jedoch mit ihrer Benennung ausdrücklich einverstanden.

Jedes Telefoninterview startete der Autor zunächst mit dem Dank zur Interviewbereitschaft, mit einer Erläuterung zum Hintergrund des Autors und des zentralen Forschungsinteresses sowie mit einer Hinführung zur Thematik. Die Einstiegsfrage orientierte sich stark an den jeweiligen Interviewpartnern und deren thematischem Bezug zur HR BP Thematik.

3.3 Auswertungsmethoden

Im folgenden Abschnitt werden die vom Autor benutzten qualitativen Auswertungsmethoden nach der Grounded Theory sowie die zugrundeliegenden Gütekriterien beschrieben.

3.3.1 Stichprobenpläne

In der qualitativen Forschung werden andere Kriterien für die Auswahl der Stichprobe herangezogen als in der quantitativen Forschung. Bei diesem Ansatz geht es weder um die Repräsentativität der Stichprobe durch Zufallsauswahl ihrer Mitglieder zu gewährleisten, noch um ihre geschichtete Zusammensetzung. Es werden vielmehr Personen nach ihrem zu erwartenden Gehalt am Neuen für die zu entwickelte Theorie aufgrund des bisherigen Standes der Theorieentwicklung in die Untersuchung einbezogen.

Es handelt sich hierbei um ein schrittweises Festlegen der Samplestruktur, die im Prozess der Datenerhebung und Datenauswertung gefällt wird. Diese Strategie beschreiben Glaser und Strauss[40]:

„Theoretisches Sampling meint den auf die Generierung von Theorien zielenden Prozess der Datensammlung, währenddessen der Forscher seine Daten parallel sammelt, kodiert und analysiert und darüber entscheidet, welche Daten als nächste erhoben werden sollen und wo sie zu finden sind, um seine Theorie zu entwickeln, während sie emergiert. Dieser Prozess der Datenerhebung wird durch die im Entstehen begriffenen Theorie kontrolliert.“

Die zentrale Frage für die Datenauswahl ist dabei: „Welche Gruppen oder Untergruppen wendet man sich zwecks Datenerhebung nächstens zu? Und mit welcher Absicht? Die Möglichkeiten zu vergleichen sind im Prinzip unbegrenzt, und deshalb müssen die Gruppen nach theoretischen Kriterien ausgewählt werden.“[41] Eine weitere zentrale Frage besteht darin, wonach sich der Forscher bei seiner Entscheidung richten soll, wann er mit der Einbeziehung weiterer Fälle aufhören kann. Glaser und Strauss geben das Kriterium der theoretischen Sättigung an: „Das Kriterium, um zu beurteilen, wann mit dem Sampling je Kategorie aufgehört werden kann, ist die theoretische Sättigung der Kategorie.

[40] Vgl. Glaser und Strauss (1967/1998, S.53)
[41] Vgl. Glaser und Strauss (1967/1998, S.55)

Sättigung heißt, dass keine zusätzlichen Daten mehr gefunden werden können, mit deren Hilfe der Forscher weitere Eigenschaften der Kategorie entwickeln kann."[42]

3.3.2 Grounded Theory

Die Grounded Theory, oder gegenstandverankerte Theoriebildung, wurde bereits 1967 von den amerikanischen Soziologen Strauss und Glaser entwickelt und ist seitdem stetig, insbesondere von Strauss und später auch von Corbin modifiziert worden. Durch sie soll die Identifikation einer Kernkategorie innerhalb des untersuchten Textes anhand des sozialwissenschaftlichen Erkenntnis- und Forschungsprozesses ermöglicht werden.

In der Grounded Theory geht man davon aus, dass die erhobenen Daten repräsentativ für menschliches Handeln und Bewusstsein sind. Durch kreative Analyseverfahren und systematische Techniken entwickelt der Forscher eine „induktiv abgeleitet, gegenstandsverankerte Theorie"[43]des Untersuchungsfeldes und des Handelns seiner Untersuchungsperson innerhalb ihres sozialen Kontextes. Wichtige Merkmale der Grounded Theory sind[44]:

Prozesscharakter

Die Entwicklung einer gegenstandverankerten Theorie erfolgt sukzessiv. Annahmen und Vorkenntnisse des Forschers bezüglich des Forschungsgegenstandes beeinflussen seine Wahrnehmung und fließen somit in die Datenerhebung und Interpretation ein. Die Erhebung der Daten erfolgt schrittweise (theoretisches Sampling), das heißt, es werden nach und nach temporäre Konzepte erarbeitet, die dann im Verlauf der Forschung präzisiert werden.

Vielfalt der Erhebungsmethoden

Es können auch mehrere Methoden, z.B. Interview, Feldexperiment, Fachwissen des Forschers, in den Forschungsverlauf eingehen. Die Art der Erhebungsmethode wird dann während des Verlaufs auf ihre Angemessenheit bezüglich der Fragestellung geprüft.

Theoriegeleitete Erhebung

Da sich die Theorie nach und nach entwickelt, können sich auch neue Aspekte für die Erhebung weiterer Daten ergeben. Diese Erkenntnisse fließen in die

[42] Vgl. Glaser und Strauss, 1996,S.96
[43] Vgl. Strauss und Corbin, 1996
[44]Vgl. Böhm, Legewie & Muhr, 1992

ergänzende Auswahl der Untersuchungspersonen ein. Ziel ist es, die untersuchten Phänomene durch die gezielte Erfassung möglichst gegensätzlicher Ausprägungen im Rahmen der Fragestellung in ihrer ganzen Vielfalt und Breite zu erforschen.

Sättigungsprinzip

Die Daten werden solange erhoben und interpretiert, bis sich keine neuen Aspekte mehr ergeben.

Theorie als Begriffsnetz

Die durch das theoretische Kodieren entwickelten Kodes werden miteinander verknüpft und zu Kategorien zusammengefasst. Dies führt zu einem Begriffsnetzwerk der Theorie. Da die Kodes anhand des Datenmaterials entwickelt werden, führt dies zu einer in den Phänomenen verankerten Theorie.

Theoretisches Kodieren

In Form von offenem, axialem und selektivem Kodieren wird der Text immer wieder sorgfältig durchgearbeitet, so dass eine Kernkategorie gefunden werden kann, die in ein hierarchisches Netz von Konstrukten eingebettet ist.

Sowohl die Auswahl der 13 Interviewpersonen als auch die Erhebung und Auswertung der Daten entspricht der Vorgehensweise in der Grounded Theory. Die Auswahl der Interviewpersonen erfolgte anhand von qualitativen Stichprobenplänen. Bei der Erhebung und Auswertung der Daten wurden in Anlehnung an die Grounded Theory verschiedene Methoden berücksichtigt.

Dem Prinzip der Sättigung wurde, im Rahmen der vorhandenen Ressourcen, teilweise Rechnung getragen, als dass die Interviews so lange kodiert, kategorisiert und dimensionalisiert wurden, bis sich keine neuen Erkenntnisse ergeben haben.

3.3.3 Theoretisches Kodieren

Mittels dieser Methode werden aus den Daten Theorien entwickelt. Kodieren bezeichnet das Zuordnen von Begriffen, Schlagwörtern oder Konzepten zu einer oder mehreren Textpassagen oder Wörtern. Ein Kode repräsentiert das bestimmte Phänomen des untersuchten Bereiches.

Offenes Kodieren erfolgt zu Beginn des Analyseprozesses und hilft dem Forscher, das Datenmaterial zu erschließen und aufzubrechen. Hierbei können sowohl einzelne Wörter als auch ganze Textpassagen analysiert werden. Dies geschieht mittels so genannter W-Fragen, die an den Text gestellt werden (Was? Wer? Wie? Wann? Warum? Wozu? Womit?). Anschließend werden die Passagen oder Wörter mit Kodes, also repräsentativen Schlagworten versehen. Die Kodes, die zu demselben Phänomen gehören, werden dann einander zugeordnet und zu Kategorien zusammengefasst.

Zu den jeweiligen Kodes werden Kodenotizen geführt. Diese beinhalten die Definition, Erläuterungen und Gedanken des Forschers zu dem vergebenen Kode. Außerdem werden Memos geschrieben, die sich vor allem auf den Zusammenhang zwischen mehreren Kodes beziehen. Zur besseren Übersicht werden verschiedene Memotypen festgehalten, z.B. Planungsmemos, in denen der Forscher sein weiteres Vorgehen notiert oder Forschungsmemos, die Ideen über den Untersuchungsgegenstand enthalten.

Ein Element des offenen Kodierens ist die Feinanalyse (vgl. Böhm, Legewie & Muhr, 1992). Sie unterstützt den Forscher beim Erschließen neuer Aspekte. Aus dem gesamten Text werden einzelne, besonders auffällige Textpassagen herausgenommen und in möglichst kleine Sinneinheiten und Segmente unterteilt. Diese werden dann anhand der W-Fragen analysiert. Kodes, deren Notizen und Memos werden äquivalent zum offenen Kodieren gebildet.

Im Rahmen der vorliegenden Arbeit wurden vom Autor keine Feinanalysen für die jeweilige Zielgruppe durchgeführt.

3.3.4 Globalauswertung

Die Globalauswertung dient der „breiten, übersichtsartigen Erschließung von einzelnen Texten“ (Böhm et al., 1992)[45] und ist nicht im eigentlichen Sinn der Grounded Theory zuzuordnen. Sie wird jedoch häufig in Kombination mit dieser Methode verwendet, da die Globalauswertung einen ersten Überblick über die Brauchbarkeit der erhobenen Daten in Abhängigkeit von der Forschungsfrage gibt. Die Globalauswertung wird anhand folgender Schritte durchgeführt.

Der Forscher wird sich über sein Vorwissen und seine Motivation zu der Forschungsfrage bewusst und hält seine Einfälle auf Memos fest. Durch eine Aufteilung des Textes und des Notierens von Stichwörtern am Rand des Skriptes, verschafft sich der Forscher einen Überblick über den gesamten Text.

[45] Vgl. Böhm, Legewie & Muhr, 1992, S. 22

Ausklammerungen offenkundig irrelevanter Passagen sind möglich. Dann werden die Texte durchgearbeitet: Zentrale Aussagen und Begriffe sowie Hinweise auf die Kommunikationssituation werden notiert. Jedes Interview erhält eine Überschrift, die eine Kernaussage bzw. ein Motto enthält. Es folgt eine kurze Zusammenfassung der wichtigsten Themen und eine Bewertung der Brauchbarkeit und Glaubwürdigkeit des Textes für die spätere Auswertung. Sämtliche 13 Interviews wurden nach dem theoretischen und offenen Kodieren im Sinne der Grounded Theory global ausgewertet.

3.4 Gütekriterien qualitativer Forschung

In der Literatur lassen sich mehrere Positionen zur Bewertung qualitativer Forschung finden[46]. Diese lassen sich auf drei Hauptrichtungen reduzieren:

- Transfer quantitativer Kriterien auf die qualitative Forschung
- Verwendung eigener Kriterien der qualitativen Forschung
- Postmoderne Ablehnung von Kriterien

Einige Forscher befürworten den Transfer quantitativer Kriterien auf die qualitative Forschung. Zentraler Bestandteil von Untersuchungen im Rahmen experimenteller Forschung ist die Forderung nach Objektivität, Reliabilität und Validität.[47] Diese Gütekriterien können aufgrund der Besonderheiten der qualitativen Forschung jedoch nicht eins zu eins übernommen werden und werden daher an den qualitativen Forschungsprozess angepasst. Des Weiteren gibt es Forscher, die die Formulierung qualitativer Gütekriterien grundsätzlich ablehnen.

Da der Autor dieser Untersuchung die Übertragbarkeit quantitativer Methoden auf qualitative kritisch betrachtet, wurde diese Arbeit unter Verwendung eigener Kriterien qualitativer Forschung bewertet. Er geht davon aus, dass die qualitativen Gütekriterien eher den Besonderheiten dieser Forschungsmethode Rechnung tragen als die erzwungene Anpassung quantitativer Methoden an den qualitativen Forschungsprozess.

[46] Vgl. Steinke, 2000
[47] Vgl. Bortz,J./Döring,N.,1995

3.4.1 Verwendung eigener Gütekriterien

Gütekriterien der empirischen Forschung dienen der Beurteilung der Qualität der Forschungsergebnisse durch Dritte. Folgende Punkte stehen im Zentrum der Bewertung der Güte qualitativer Forschung[48] :

Kommunikative Validierung

Die kommunikative Validierung beinhaltet die Konsensbildung zwischen dem Forscher und dem Befragten. Die erhobenen Daten und Ergebnisse des Auswertungsprozesses werden der Untersuchungsperson vorgelegt und von dieser hinsichtlich ihrer Gültigkeit bewertet.

Triangulation

Triangulation bezeichnet die Betrachtung eines Forschungsgegenstandes von mindestens zwei Punkten aus. So sollen mögliche Verzerrungen und Einseitigkeiten kompensiert werden. Dies geschieht durch den Einsatz sich ergänzender Methoden, Theorien oder auch Forscher sowie verschiedener Untersuchungsgruppen und lokaler oder zeitlicher Settings. Nicht die Validierung der Ergebnisse steht im Zentrum, sondern die systematische Vervollständigung und Erweiterung von Erkenntnismöglichkeiten.

Validierung der Interviewsituation

Um die Interviewsituation zu validieren, werden der Interviewverlauf und das Interview in Bezug auf den Wahrheitsgehalt und die Aufrichtigkeit der Erzählungen überprüft. Es wird analysiert, ob ein Arbeitsbündnis zwischen dem Forscher und der Untersuchungsperson zustande gekommen ist. Die Interviewsituation soll von Offenheit, Vertrauen und Arbeitsbereitschaft zwischen Forscher und Untersuchtem gekennzeichnet sein.

Authentizität

Dieses Kriterium bezieht sich auf die Echtheit, Glaubwürdigkeit und Verlässlichkeit der folgenden Bereiche: Sorgfalt im Umgang mit den Äußerungen und Wertstrukturen der Untersuchungsperson, Überprüfung der Angemessenheit der multiplen Konstruktionen der Untersuchten, Überprüfung der kommunikativen Validierung, Initiierung neuer Orientierungen für die Untersuchten, Unterstützung der Entscheidungsfindung und der Anregung für Handlungen.

[48] Vgl. Steinke, 2000

3.4.2 Güte der eigenen Untersuchung

Die kommunikative Validierung erfolgte während der Interviews in zweifacher Hinsicht. Der Autor hat nach jedem Themenabschnitt und bei Interviewabschluss eine mündliche Zusammenfassung über die Kernaussagen des Gesprächs erstellt. Er ließ sich diese Zusammenfassung durch die Interviewpartner direkt bestätigen. Falls Missverständnisse entstanden waren oder interpretative Schwerpunkte nicht deutlich genug beschrieben waren, wurde mit den Interviewpartnern gemeinsam eine Korrektur vorgenommen.

Durch die heterogene Datenerhebung anhand qualitativer Stichprobenpläne (unterschiedliche Rollen, Interessensperspektiven, Geschlecht, Länder, Unternehmens-größe und Branchenvielfalt) konnten Verzerrungen wesentlich reduziert werden.

Außerdem wurde im Rahmen dieser Arbeit ein multipersonaler Diskurs angestrebt. Die Auswertungen wurden mit Kommilitonen und unbeteiligten Einzelpersonen diskutiert. Dem Punkt der Triangulation wurde damit teilweise Rechnung getragen.

Die Validierung der Interviewsituation und die Analyse der Authentizität erfolgten sowohl anhand von Globalauswertungen, als auch während der Kodierung der Daten. Die Kriterien Offenheit, Vertrauen und Arbeitsbereitschaft zwischen Forscher und Untersuchtem wurden erfüllt. Die Zusicherung von Anonymisierung, der teilweise persönliche direkte Kontakt, das Offenlegen des eigenen Hintergrundes im Gespräch und durch das eigene XING Profil, haben ihren Beitrag dazu geleistet, diese Kriterien zu erfüllen.

Durch die veröffentlichten biographischen Informationen über das XING Portal der Interviewpartner konnten vom Autor die beschriebenen beruflichen Stationen nachvollzogen werden – sie halfen auch bei der konkreten individuellen Befragung. Der Wahrheitsgehalt, die Glaubwürdigkeit der Interviewsituationen sowie der Untersuchungspersonen können dadurch bestätigt werden.

4 Ergebnisse

In diesem Abschnitt werden die Ergebnisse aus den 13 geführten Interviews Gruppenweise dargestellt. (Vgl. Abb.8 – Gruppen I bis V- gelb markiert)

Die Präsentation der Ergebnisse der externen und internen Vertreter orientiert sich jeweils an den drei zentralen Fragestellungen:

1. HR BP Kompetenzprofil allgemein
2. Bedeutung der Strategiefähigkeit für HR BP
3. Chancen externer HR BP Aus- und Weiterbildungen

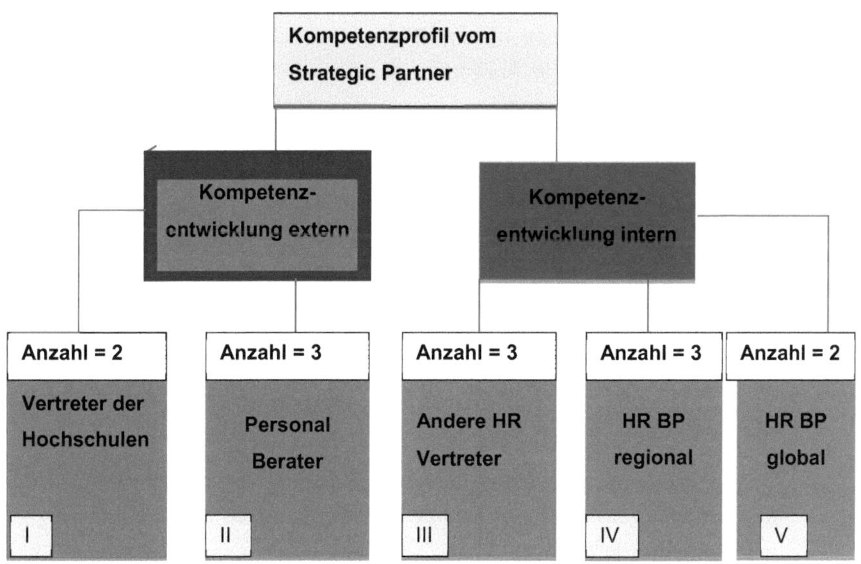

4.1 Externe Vertreter

Unter Externen Vertretern zählt der Autor die Gruppen I und II: Vertreter der Hochschulen und Personal Berater. Das Gemeinsame dieser Gruppen ist die Außenperspektive und Unabhängigkeit von Unternehmensmaximen. Beide Vertreter haben den Vorteil, unterschiedliche Unternehmensstrukturen und Unternehmenskulturen systematisch vergleichen zu können, da sie sich in ihren Dienstleistungen nicht auf einen Unternehmenskontext beschränken. Beide

Vertreter beraten Unternehmen im HR Transformationsprozess und bringen entsprechend theoretische sowie praktische Expertise mit. Beide Gruppen bieten jeweils Programme zur Kompetenzentwicklung von HR BP an, sei es durch Studiengänge oder durch Trainings und Ausbildungsprogramme. Deshalb ist es für diese Untersuchung interessant, die Ergebnisse dieser Gruppen miteinander zu vergleichen und von den Ergebnissen der internen Vertreter abzugrenzen.

4.1.1 Gruppe I - Vertreter der Hochschulen

„Das HR BP Kompetenzprofil entspricht einer General Management Funktion". (I-1)

Dieser zentrale Satz eines Hochschulvertreters kann als Motto für die gesamten Antworten dieser Gruppe stehen. Bezogen auf die zentralen Forschungsfragen werden im Folgenden die Antworten der beiden Hochschulvertreter präsentiert. Es überrascht nicht, dass dabei ein breiter wissenschaftlicher Blick gepaart wird mit der Überzeugung, dass eine externe Aus- und Weiterbildung, die Kompetenzentwicklung von HR Business Partnern für Unternehmen unterstützen kann. Beide Hochschulvertreter bringen jeweils jahrelange Erfahrung als Personalleiter aus der unternehmerischen Praxis mit. Daher sind sich beide Vertreter unabhängig voneinander einig, dass Ausbildungsprogramme stets konkreten Bezug auf die vorherrschenden Diskussionen aus der Unternehmenspraxis nehmen müssen.

HR BP Kompetenzprofil allgemein

Gemein ist beiden Vertretern, dass sie die unterschiedlichsten Kompetenzprofile aus der HR Literatur kennen und aus dieser Fülle, ihre eigenen Schlüsse ziehen und Prioritäten setzen.

So differenzieren sie beide zwischen Qualifikationen, Kompetenzen und Persönlichkeits-eigenschaften und räumen insbesondere den Persönlichkeitseigenschaften von HR BP einen sehr hohen Stellenwert ein.

Folgende Aspekte stehen für sie im Vordergrund – wohlwissend, dass sie sich dabei sehr nahe am Grundverständnis von Claßen und Kern (HR Business Partner = beherrscht HR + kennt das Business + ist Partner) orientieren.

HR Business Partner, Nomen est omen: das Business verstehen.

Interessant ist dabei, dass der Schwerpunkt ihrer Antworten bzgl. des Kompetenzprofils von HR BP insbesondere in diesem Bereich lag. HRM zu beherrschen wurde unausgesprochen als Basis vorausgesetzt.

„Als HR BP muss ich mit dem Topmanagement meiner Business Unit oder den zu verantwortenden Bereichen, auf Augenhöhe reden können: ich muss eine Ahnung haben, was im Business läuft; was ist die strategische Orientierung? Was ist das Businessmodell? Wer sind die zentralen Spieler im Markt?" (I-1)

„Die Kernkompetenz des HR BP liegt darin, dass ich die Sprache der Zielgruppe beherrsche und ein klares Verständnis vom Geschäftsmodell des Unternehmens habe; um da heraus dann für die HR, konkrete Prozesse abzuleiten und dafür Sorge zu tragen, dass die Kernprozesse des Unternehmens durch HR optimal unterstützt werden." (I-2)

So identifizieren die Hochschulvertreter weitere Rollen für den HR BP, die teilweise über die in der Literatur benannten Rollen hinausgehen.

- Der Kulturträger als personifizierte People Strategie
- Der Treiber der Prozesse
- Die Exekutive gegenüber der Linie
- Der moderierende OE Übersetzer

„Sie sind als HR BP Kulturträger – sie sind die personifizierte People-Strategie; sie müssen wissen: wen wollen wir mit welchem Profil wie haben? Wie wollen wir sie besetzen? Wie fördern? Wen wollen wir aber auch nicht haben?" (I-1)

„HR BP sind Vertreter von Prozessen, wo HR die Prozess Owner sind; z.B. Performance Management Prozess; hier kann er mit Linie ebenbürtig die beschlossenen Prozesse verteidigen und durchsetzen; als HRBP ist er dabei in der Rolle der Exekution – als Vertreter für sinnvolle und beschlossene Prozesse, die nicht immer wieder durch das Linienmanagement hinterfragt werden dürfen – hier ist er Prozess-Treiber." (I-1)

„Auch in den „weichen Themen" hat HR BP eine moderierende und beratende Funktion; z.B. Talentmanagement kann in der Business Unit A was ganz anderes bedeuten als in Business Unit B; hier ist er als OE Übersetzer gefragt.". (I-2)

Zur erfolgreichen Ausübung der genannten Rollen wurden durch die Hochschulvertreter im Wesentlichen folgende Kernkompetenzen aufgeführt:

- Multi-Projektmanagement Kompetenz
- Denken in Prozessen
- Vernetztes Denken
- Managen komplexer Situationen

Dabei war beiden Hochschulvertretern wichtig, dass organisatorisch im Unternehmen die Abgrenzung zum Center of Expertise sauber gelingen muss.

„Jeder braucht ein klares Rollenverständnis – mit Sinngebung für die Rolle; ansonsten wird Frustration erzeugt." (I-2)

Ein Hochschulvertreter machte es am Beispiel der Personalentwicklung deutlich:

„Wer ist Owner von PE? Oder bei der Nachwuchsregelung? Wer sitzt dann bei Besetzungen am Tisch? Wie sieht es z.B. beim Talentmanagement aus? Wie viel PE Kenntnisse brauche ich als HRBP? Die Ausdifferenzierung zwischen Experte und HR BP ist entscheidend – entweder bin ich Mitspieler oder Owner. In der Praxis brauche ich ein Verständnis für die typischen PE Systeme, aber keine eigene pädagogische oder didaktische Kompetenz." (I-1)

Bedeutung der Strategiefähigkeit für HR BP

Beide Vertreter der Hochschule sind überzeugt, dass vernetztes Denken, soziale Kompetenzen und der schnelle Perspektivwechsel wesentliche Kriterien für einen guten HR BP bilden. Drei Eigenschaften übrigens, die der Strategiefähigkeit zugeordnet werden können. Beide haben einen systemischen Hintergrund, der eventuell diese Überzeugung besser nachvollziehen lässt.

„Beim HR BP hat das viel mit geistiger Beweglichkeit zu tun und ganz viel mit sozialer Anschlussfähigkeit – die Akzeptanz zu gewinnen, sich in einer gewissen Klasse zu bewegen, eine bestimmte Sprache zu nutzen und auch bestimmte Umgangsformen zu pflegen." (I-2)

Ein HS Vertreter verweist auf den Managementkompetenzen Report von SHL, der auf der Basis des OPQ 3249, einem Selbstbeschreibungsfragebogen konzipiert ist. Darin wird strategisches Denken wie folgt definiert: „Zeigt eine umfassende

[49] Anm. des Autors: Strategiefähigkeit wird dabei als Unterkategorie von „Unternehmer Kompetenz" begriffen

Sicht von Sachverhalten, Aktivitäten und Ereignissen sowie eine klare Einschätzung ihrer längerfristigen Auswirkungen und Bedeutung." (I-2)

Auf die Frage nach einer validen Messbarkeit von Strategiefähigkeit bemerkt er:

[Schlüsselwörter] *ist ein facettenreicher Begriff; er setzt sich aus verschiedenen Kompetenzen zusammen und kann daher nicht mit einem einzigen Messverfahren ermittelt werden." (I-2)*

„Strategiefähigkeit halte ich für sehr schwer operationalisierbar, wenn man nicht eine Operationalisierungsform wählt, die sehr anwendungsnah ist. Die meisten würden sagen, dass Strategiefähigkeit ein hohes Maß an kognitiver Problemlösefähigkeit voraussetzt- da wären wir mal wieder bei der Intelligenz. Aber diese würde nicht ausreichen, um Strategiefähigkeit zu generieren. Hoch intelligente Leute sind nicht notwendig hoch strategisch. Intelligenz ist nur eine notwendige, aber keine hinreichende Bedingung. Strategiefähigkeit beinhaltet sehr viele soziale Kompetenzen, die bei reiner IQ Orientierung zu kurz greifen würde." (I-2)

Den Vorschlag des Autors, die Strategiefähigkeit in einem komplexen Assessment Center zu messen, betrachtete ein Hochschulvertreter als schwieriges, aber machbares Unterfangen.

„Strategiefähigkeit Assessment Center? Na klar, kann man machen. Nötig sind Gruppenverfahren und Testverfahren im Wechsel nutzen. Das Wesentliche besteht aber immer darin, das Konstrukt präzise zu beschreiben. Und das ist sehr aufwendig." (I-2)

<u>Chancen externer HR BP Aus- und Weiterbildungen</u>

Gewiss sollte man davon ausgehen, dass Hochschulvertreter davon überzeugt sind, dass das Kompetenzprofil durch Aus- und Weiterbildungsprogramme, bzw. Studiengänge gefördert werden kann. Sie betrachten die Wirkung von Studiengängen jedoch auch kritisch. Sie nehmen aber diese kritische Haltung als Ansporn und sehen sich in der Verantwortung für gute Qualität der Studiengänge.

„Konzepte gibt es sehr viele, die sich lehren lassen; aber ob das Verhalten sich danach richtet, was die Konzepte im Studium gelehrt haben, das ist eine andere Frage." (I-2)

„Persönlichkeitskomponenten sind für den HR BP sehr wichtig – die Chemie muss stimmen – da hilft auch keine Ausbildung; HR BP kann man nicht lernen, man

kann sich nur solide ausbilden lassen, muss dann das Standing vor Ort beweisen." (I-2)

„Ein MBA hat als Querschnittsfunktion die Führungskräfteentwicklung. Das ist mein Anspruch."(I-1)

„(HR) Manager sind als Systemträger täglichen Zumutungen und Herausforderungen ausgesetzt. Sie brauchen eine Härtung, aber ohne den Kontakt zu sich selbst zu verlieren....ein MBA soll dazu beitragen, dass diese persönliche Reifung passiert, um bei diesen schwierigen Situationen gewappnet zu sein. Der Großteil davon findet zwar in der Praxis statt, aber das MBA soll mir Copingstrategien und Werkzeuge zur Verfügung stellen, um die Situationen besser zu bewältigen." (I-1)

Die Studienlandschaft hat sich mit Einführung der Bachelor und Masterstudiengänge drastisch gewandelt. Insbesondere die Fachhochschulen wollen mit den unterschiedlichsten HR Masterstudiengängen ihr Profil schärfen.

Die Position des HR BP verlangt jedoch mehr, so dass sich beide Hochschulvertreter einig waren, dass ein MBA stets einem Masterstudiengang zur erfolgreichen Ausübung der anspruchsvollen Position als HR BP vorzuziehen sei. Diese Einschätzung wird im Übrigen von allen anderen Gruppen geteilt.

„Ein MBA sollte breiter aufgestellt werden; Personalmaster haben keine methodische Vorbildung; sie kommen aus der FH ohne Methodenkenntnis... keiner kennt SPSS und so ist keine empirische Arbeit möglich. Diese Leute machen Personalmaster – Leute, die meinen, mit Reden weiter zukommen und sich nicht mit Zahlen Daten Fakten auseinander setzen wollen." (I-2)

„Ich wundere mich schon darüber, was man jetzt alles machen kann für Masterstudiengänge. Insbesondere bei den Fachhochschulen sehe ich es eher als Differenzierungswunsch, mehr aus Marketingaspekten als wirklichen Bonus." (II-1)

Beide Vertreter konzentrieren sich auf die Entwicklung der wertschöpfenden Geisteshaltung von HR. Darin sehen sie ihren Kernauftrag – übrigens im Einklang mit den Ergebnissen der Personal Berater.

„Egal, ob man BP als Rolle oder als Funktion betrachtet: jeder braucht ein klares Rollenverständnis – mit Sinngebung für die Rolle. Für einige HR Mitarbeiter stellt das BP Modell eine Überforderung dar; aber nicht jeder HR Mitarbeiter muss den Überbau einer BP Orientierung verstehen. Es reicht, wenn er begreift, wie kann ich in meiner Rolle zum Unternehmenserfolg beitragen? Und das überfordert Niemanden, weil es ganz konstitutives Element meiner Arbeitsleistung ist." (I-2)

„Die Tatsache, dass man überhaupt von BP sprechen muss, zeigt, dass HR wahrscheinlich viel Eigenleben gehabt hat, dass es sich von der Businessorientierung entfernt hat. Jetzt versucht man wieder stärker dahin zu kommen.“ (I-1)

Spannend ist daher, welche Anforderungen sie selbst für diese Programme proklamieren und durch welche Methoden und Inhalte der tatsächliche Mehrwert für die Kandidaten als auch für die Unternehmen generiert werden soll.

Folgende Kernthemen sollten in einem HR BP MBA Studiengang inhaltlich gefüllt werden:

- Überblick schaffen über zentrale Prozesse und Governance Lösungen von internationalen Unternehmen (Bsp. die unterschiedlichen Stellenbewertungs-systeme wie Mercer oder Hays)
- Speziellere Arbeitsrechtkompetenz (z.B. bei Themen wie Werksschließung, Zusammenlegung oder Sanierung von Geschäftsfeldern)
- Wissen über Compensation & Benefit sowie strategisch relevanten HR Themen
- Change Management und OE Wissen (I-1+2)

Die von den Hochschulvertretern vorgeschlagenen Methoden korrespondieren eng mit den zuvor priorisierten Kernkompetenzen. Daher sollen folgende Methoden zum Einsatz kommen: (I-1+2)

- Methoden des internationalen (Multi-) Projektmanagement
- Prozessmanagement Tools
- Systemische oder zumindest komplexe Strategie Instrumente
- Moderation, Visualisierungs- und Kreativitätstechniken
- kollegiale Fall-Beratung
- Einsatz von Planspielen und Study Cases
- Beiläufige Vermittlung fundierter Excel Kenntnisse

Zum Abschluss hat der Autor versucht, die expliziten Vorteile einer externen Aus- oder Weiterbildung zu erkunden. So fragte er: *„Welche Argumente sprechen für eine externe Ausbildung?“ und er konnte im Kern folgende Aspekte hervorheben: (I-1+2)*

„...Bringen Menschen aus unterschiedlichen Unternehmen und Lebenswelten zusammen, die sich auch über diese Unterschiedlichkeit austauschen können. Darin liegt ein Mehrwert.“

„Es kann eine Lernkultur integriert werden, so dass ich mich als TN auch trauen kann, mich in dieser Gruppe zu blamieren – ohne Gesichtsverlust im eignen Unternehmen. In Unternehmen ist diese Veranstaltung eher eine Form der OE in Form einer gewünschten Richtung, hier soll die gewünschte Kultur antrainiert werden.“

„Externe Ausbildung kann über das absolut Notwendige hinausgehen und damit ein breiteres Fundament für die HR BP Thematik schaffen –kann auch mehr Zeit zur Reflektion geben...interne Ausbildungen sind sehr auf das Notwendige, auf Tools orientiert“

4.1.2 Gruppe II - Personal Berater

„Kernpunkt des HR Business Partners ist, dass er zur Wertschöpfung des Unternehmens beiträgt. Dass er schaut, wie kann man das Unternehmen voranbringen?“ (II-1)

„Es geht nicht um Organisation, sondern um die Geisteshaltung, um den Mindset. Der HR BP sollte am meisten diese Haltung internalisiert haben und soll diese Haltung in seine Mannschaft treiben.“ (II-2)

Diese beiden Zitate sollen als Überschrift und Motto für die Gruppe der Personalberater gelten. Bei der Gruppe II handelt es sich um die homogenste Gruppe von allen Gruppen. Allen drei Personalberatern gemein ist, dass sie Experten in der Thematik HR BP sind; dass sie seit Jahren Bücher, Studien und Artikel veröffentlichen und sehr aktiv Unternehmen im HR Transformationsprozess beratend begleiten. Alle waren zuvor selbst in leitender Personalfunktion in Unternehmen tätig und kennen daher die unternehmerische Praxis. Gleichzeitig sind auch alle drei Personalberater als Dozenten an den unterschiedlichsten deutschen und Schweizer Hochschulen in Personal-management Studiengängen aktiv und beeinflussen auch den wissenschaftlichen Diskurs.

HR BP Kompetenzprofil allgemein

Alle drei Personal Berater haben selbst Studien veröffentlicht oder Artikel und Bücher zur HR BP Thematik geschrieben. Darin haben sie selbstverständlich Kompetenzprofile beschrieben und jeweils eine große (Wunsch-) Liste von Kompetenzen, Fähigkeiten und Persönlichkeitseigenschaften beschrieben. Diese hier aufzuzählen, würde den Rahmen sprengen – doch das Gemeinsame der Interviews spiegelt sich am einfachsten in der von Claßen und Kern vorgeschlagenen Trias wider:

Der HR BP kann HR - versteht das Business - ist Partner.50

Das Wesentliche der Aussagen ist, dass diese Trias bestehen bleiben muss und keine der drei Dimensionen unterrepräsentiert sein darf. Wäre dies der Fall, kann nicht mehr von einem HR BP im eigentlichen Sinne gesprochen werden.

„Wenn einer von HR keine Ahnung hat, dann ist das Fachliche weg. Wenn einer fürs Business kein Verständnis aufweist, dann ist er zu Peopleorientiert – er muss das Verständnis haben, dass das Unternehmen Wirtschaft macht, Gewinne erzielen will. Und er muss Partner sein, im Sinne von: gemeinsam etwas erreichen wollen. Er darf sich nicht über die Linienmanager stellen, aber auch nicht zu sehr in Demut verfallen." (II-1)

„Wenn ich jetzt 100 Punkte verteilen würde, dann muss das nicht immer 33-33-33 sein. Die Verteilung sollte aber gleichmäßig sein, z.B. auch 30-30-40 oder auch 50-20-30; das ist noch kein K.O. Kriterium; aber wenn wir jetzt bei dem Punktemodell– was mir eigentlich gar nicht so schmeckt – bleiben, dann wäre alles, was unter 20 fällt, sehr schwach ausgeprägt und wäre zumindest kritisch." (II-1)

Deutlich wurde in den Gesprächen, dass die Entwicklung von Kompetenzprofilen auch pragmatisch und den Realitäten des Unternehmens angepasst sein muss. Es nützt nichts, ein ideales, ein überhöhtes oder gar zu ausgefeiltes Profil zu erstellen, an dem letztlich die vorhandenen Mitarbeiterressourcen scheitern werden. An diesem Ansatz wird die eher pragmatische Haltung von Personal Beratern deutlich, die in Abgrenzung zu den Wissenschaftsvertretern, immer den unternehmerischen Kontext vor Augen haben.

[50] Vgl. Claßen und Kern, 2010

„Die Ableitung von Kompetenzprofilen, das ist das Beratergeschäft. – ich warne aber davor, ein over engeneering zu betreiben. Man sollte ein Profil entwickeln, welches auf den drei Dimensionen des HR-BP beruht, in welcher Ausdifferenzierung auch immer, so dass man daraus dann die Personalauswahlentscheidung treffen kann. Man sollte jetzt nicht ein sehr komplexes, 10 Dimensionales Kompetenzprofil mit jeweils 5 Ausprägungen in jeder Dimension aufsetzen. Das macht die Sache nur unnötig kompliziert." (II-1)

„Das erste Modell von Ulrich ist am verständlichsten, dass man sagt: die Ebene Strategisch/Zukunftsorientiert – Operativ/Daily Business, eher Hard oder Soft Fact orientiert, eher People oder Prozessorientiert. Diese Dimensionen haben sich durchgesetzt, diese Entscheidungen versteht man auch. Wenn man zu weit geht und alles in verschiedenen ausdifferenzierten Rollen einführen will, dann wird's schwierig! Es braucht sichere, aber klare Rollen. Da darf es keine Verwirrung geben." (II-2)

Ebenfalls allen drei gemeinsam ist der skizzierte Persönlichkeitstypus eines erfolgsversprechenden HR BP. Es wurde deutlich, dass ähnlich wie bei den Vertretern der Hochschulen, den Persönlichkeitsmerkmalen eine sehr große Bedeutung beigemessen wurde. Der Autor dieser Untersuchung würde ihn, aufgrund der Beschreibungen, zusammenfassend als „reflektierten Macher" bezeichnen. Alle drei Vertreter haben, übrigens im Einklang mit allen anderen Gruppen, einen Hochschulabschluss als „conditio sine qua non" für die erfolgreiche Arbeit als HR BP gefordert.

Autor: „Hochschulabschluss ist conditio sine qua non?"

„Ja, in der Regel – die Wahrscheinlichkeit, dass die intellektuellen Fähigkeiten vorhanden sind, sind größer; wir setzen Tests und AC´s ein – da gibt es analytische Modelle, ASK[51] - Analytische Fähigkeiten, Schlussfolgerungen und

[51] Anm. des Autors: Die **Analyse des Schlussfolgernden und Kreativen Denkens** (ASK) ist ein eignungsdiagnostisches Verfahren, das aus den beiden Testmodulen Schlussfolgerndes Denken und Kreatives Denken besteht, die gemeinsam oder separat eingesetzt werden können. Schlussfolgerndes Denken repräsentiert eine zentrale Komponente der allgemeinen Intelligenz und wird als Fähigkeit definiert, Informationen verschiedenen Komplexitätsgrades angemessen interpretieren und logisch richtige Schlussfolgerungen ableiten zu können. Mit dem Kreativen Denken wird die Fähigkeit bezeichnet, Verbindungen und Gemeinsamkeiten zwischen Sachverhalten zu erkennen sowie Ideen und Lösungsmöglichkeiten für offene Probleme zu finden. Das Verfahren wurde speziell für die Zielgruppe erwachsener Probanden mit Bildungsabschluss Abitur entwickelt. (nach H. Schuler und B. Hell, 2005)

kreatives Denken werden gemessen – wenn man da gut abschneidet, dann hat man schon gute Chancen als HRBP – ein Hochschulstudium ist ein guter Prädiktor." (II-2)

„...das hängt von der Basisausbildung ab. Ich hatte Ingenieure, Psychologen, Juristen und BWLer, also alle mit Hochschulstudium. Das qualifiziert zwar noch nicht zum strategischen Denken, aber man hat grundsätzlich ein akademisches Niveau, denn die können Probleme zerlegen. Ein Hochschulstudium ist zwar kein Garant für Abstraktionsfähigkeit, aber doch ein sehr guter Indikator und Prädiktor." (III-2)

Alle drei Personal Berater hatten erlebt, dass in D-A-CH – vielleicht aus der ähnlichen Kultur heraus – das stete Bemühen um die Organisation, um die strukturierte Verankerung des HR Modells in die Unternehmen im Vordergrund stehen. Sie merken an, dass dies häufig zu Lasten der grundlegenden Geisteshaltung stattfindet. Sie begreifen ihren Auftrag darin, diese Sensibilität, dieses strikt an der Wertschöpfung orientierte Denken und Handeln, in den Köpfen ihrer Kunden zu verankern. Gerade der HR BP soll, aus dieser nach Wertschöpfung suchenden Haltung heraus, agieren und diesen Gedanken sowohl ins Business, aber vor allem auch in das eigene HR Team tragen.

„Ca. 50% der Transformationen in die 3 Säulen Struktur scheitern, weil Unternehmen zu wenig Wert und Ressourcen in die Veränderung der Geisteshaltung von HR investieren." (II-2)

„Diese Grundidee, dass es um Wertschöpfung aus der People Dimension geht, die wurde zu spät verstanden. ...Diese geistige Einstellungsthematik kommt in Deutschland zu kurz. Hier geht es immer gleich um die Organisation, um die drei Säulen, die man so oder so gestalten kann." (II-1)

„Ulrich hat sich zitieren lassen, dass er den Begriff des HR BP nicht mehr hören kann. Aber an der grundsätzlichen Idee, HR als professionelle Dienstleistungsorganisation und der elementare Beitrag zur Wertschöpfung von HR, das sind weiterhin seine Leitgedanken." (II-1)

„Viele Unternehmen nehmen zwar diesen Gedanken (Anm. des Autors: Beitrag zur Wertschöpfung) für sich in Anspruch, aber wenn man genauer hinschaut und ehrlich ist, muss man eingestehen, dass sie es nicht tun. Denen dann zu sagen, dass sie es nicht tun, ist schwierig."(II-3)

Bedeutung der Strategiefähigkeit für HR BP

In dieser Gruppe wurde die Relevanz der Strategiefähigkeit für HR BP am kontroversesten, aber auch am differenziertesten betrachtet.

Die Einen konnten sich auf zahlreiche Studien stützen, die belegen, dass die Strategiefähigkeit von HR BP keine nennenswerte Relevanz hat. (Vgl. Kapitel 2 dieser Untersuchung) Sie orientieren sich dabei in der Argumentation auf die gemachten Erfahrungen und die Gegenwart. Die Anderen sahen in der Strategiefähigkeit eine Schlüsselqualifikation für den erfolgreichen HR BP. Sie ließen sich von den teils ernüchternden Studienergebnissen nicht abschrecken und argumentierten mit konkreten, aber auch gründlichen und langfristigen Szenarien, zu denen Unternehmen bereit sein sollten, wenn sie ihren Marktanteil behalten wollen. Sie orientierten sich dabei eher an der Zukunft.
Der Autor dieser Untersuchung ist der Meinung, dass sich hinter diesen Positionen eher unbewusst die klassischen Vertreter des linearen Modells sowie des adaptiven Modells verbergen. Er wird dies im Abschnitt 5 näher erläutern. Dahinter steckt oft die Streitfrage: wann und wie weit eine formalisierte Planung für eine Organisation sinnvoll ist bzw. welche Rolle strategische Planung in strategischen Entscheidungsprozessen spielen kann und soll.[52]
Die besondere Position des HR BP soll hier betont werden. Er ist eingebettet („embedded") zwischen operativer (transaktional) und strategisch-gestalterischer (transformational) HR Arbeit. Beides soll er beherrschen. Alle Personal Berater warnen jedoch davor, diese Rolle zu überfrachten, weil sie sonst nur zum Scheitern verurteilt. Die Losung lautete: erst erfolgreiche Transformation, dann Strategie.

Alle Personal Berater waren sie sich unabhängig voneinander einig, dass Strategiefähigkeit sich zusammensetzt aus angewendeten Instrumenten, aus Persönlichkeitsmerkmalen und vor allem aus sozialen Kompetenzen.

„Jemand muss von sich aus Perspektivwechsel betreiben wollen! Die Strategie Tools sind Methoden, Mittel zum Zweck; sie wirken unterstützend, helfen analysierend Sachverhalte darzustellen, sie auf den Punkt zu bringen oder auch um Ideen zu verkaufen. Sie sind Werkzeuge, die mehr oder weniger schlecht angewendet werden können. Die Persönlichkeitseigenschaften werden über die Güte der Strategie mitentscheiden! Denn ich muss das Interesse haben, Dinge weiter zu denken; ich muss erkennen, dass ein Thema eine Dimension ist und eine strategische Bedeutung hat. Erst die Fähigkeit des Perspektivwechsels ermöglicht es mir, mir vorzustellen: Was bedeutet das für andere?" (II-3)

Sie merkten auch teilweise selbstkritisch an, dass der Begriff Strategie befreit werden sollte von den teils mythischen, teils elitären Konnotationen.

---

[52] Vgl. Wiechmann, Th. (2008)

„Strategie ist auch ein Modebegriff, der eine gewisse Aufwertung von Themen impliziert.“ (II-3)

„Ulrich hat den Begriff eher politisch genutzt, damit terminologisch eine Aufwertung stattfindet – aber weniger stark auf tatsächliche Strategiefähigkeit von Personaler gemeint.“ (II-1)

„Bei unserem Unternehmen ist die Diskussion lächerlich geworden: sind wir eine Managementberatung oder eine Strategieberatung? Strategisch zu sein hatte ein besseres Image. Die „Strategischen“ haben mehr Geld verdient, waren „besser“, eitler und man hat es den Leuten angesehen.“ (II-2)

„Mit dem Titel HR BP schafft man Erwartungen, einen Anspruch. Fakt ist, dass HR BP ein anderes Image haben und das führt zu einer 2-Klassengesellschaft innerhalb des Personalwesens. Das ist ein reales Problem.“ (II-1)

Im Folgenden werden die am häufigsten genannten Kernaspekte von Strategiefähigkeit (differenziert in Kompetenzen und Persönlichkeitseigenschaften) zusammengefasst:

Kompetenzen

Methodenwissen – strategische Tools kennen (SWOT, Stakeholder- oder Portfolio-analyse...), Change Management; Projektmanagement Methoden; Prozessverständnis;

Moderationsfähigkeit; Analytisches Denken und vernetztes Denken; Businessverständnis, General Management Fähigkeiten; Interesse und Fähigkeit, Stimmungen in Leitung und Basis wahrzunehmen

Persönlichkeitsprofil

Die wichtigste Fähigkeit ist der Perspektivenwechsel: der Generalist, der Verknüpfungen herstellen kann und voraus denken will; guter und neugieriger Zuhörer; aktiver Kontakter und Netzwerker, (eher extrovertiert) siehe Big Five Modell; Kommunikator, der Spaß daran hat, komplexe Sachverhalte zu vermitteln; stark Handlungsorientiert - weniger der Denker, eher der Umsetzer; Fähigkeit und Bedürfnis, eine penetrante Hilfestellung für die Linie zu leisten

Die Fragen, wie sie als Personal Berater auf diese Fähigkeiten Einfluss nehmen bzw. wie sie die Strategiefähigkeit von HR BP erkennen, werden in folgenden Antworten zusammengefasst:

„Ich bin von der Ausbildung her Betriebswirtschaftler der Uni Sankt Gallen. Hier arbeiten wir ja mit mehreren komplexen Management-Modellen. Das ist sehr sinnvoll, eine Systematik für sich zu haben und z.B. in einer Stakeholder-Analyse an alle wichtigen Elemente zu denken und das vernetzte Denken zu schulen." (II-2)

„Es gibt gewisse Testverfahren oder Simulationsverfahren wie UTOPIA[53]*, die sich hervorragend eignen. Man kann UTOPIA nutzen, sollte jedoch den HR Bereich stärker betonen – hier gehen wir von einer Gesamt-Unternehmensanalyse aus, wo die Bereiche: Strategie-Struktur-Kultur in den jeweiligen Dimensionen abgebildet werden. Dann muss der jeweilige HR BP ableiten, welche Fragen er stellen muss ....er muss den GAP entdecken...meistens sind es konkrete PE oder OE Fragen....oder Unternehmenskultur Fragen, die im Vordergrund stehen." (II-2)*

„Hinter diesen Strategischen Unternehmenszielen stecken unglaublich viel Themen für Personaler; dafür muss ich primär ein Gespür oder auch einen Tick haben; sekundär brauche ich methodisches Rüstzeug, um damit etwas anzufangen. In der Auswahl von HR BP ist mir das Persönlichkeitsprofil wichtiger von den Menschen. Meine Kriterien zur Auswahl sind: extrovertiert - guter Kontakter - guter Netzwerker; Interesse und Fähigkeit, Zusammenhänge herzustellen. Ich konstruiere komplexere Fallbeispiele und entwickele Rollenspiele, um zu sehen, wie jemand agiert und ob er Zusammenhänge erkennt." (II-3)

<u>Chancen externer HR BP Aus- und Weiterbildungen</u>

Alle drei Personal Berater bieten sowohl im Rahmen ihrer Beratung Weiterbildungskonzepte, Inhouse Workshop – und Trainingsreihen, AC´s als auch individuelles Coaching an. Diese Programme sind immer maßgeschneidert auf die Bedürfnisse der Unternehmen.
Alle sind sie an diversen Hochschulen in Master- und MBA Programmen in den HRM Modulen als freie Dozenten beteiligt. Alle drei halten nichts von rein externen, spezifischen HR Masterstudiengängen, zumindest nicht als geeignete Vorbereitung auf die Rolle als HR BP. Sie bevorzugen MBA Programme, die eher den General Management Ansatz verfolgen. Entscheidend ist eher, dass die Botschaft von

[53] Anm. des Autors: **Utopia** ist ein interaktives Planspiel für einzelne Teilnehmer und Gruppen, das sich bereits seit vielen Jahren als Assessment- und Trainingsbaustein bewährt hat. Die Teilnehmer übernehmen die Regierung der fiktiven Insel Utopia und sollen dabei nach einer geeigneten Vorgehensweise suchen, mit der sie die Insel möglichst erfolgreich über mehrere Entscheidungsperioden hinweg führen können. Dabei müssen sie einen schnellen Überblick über eine Reihe von Zielkonflikten gewinnen, eine Fülle von Daten und Informationen verarbeiten und sich immer wieder flexibel auf veränderte Rahmenbedingungen und Störfaktoren einstellen.

professionellem Personaldienstleistungsmanagement mit klarem Beitrag zur Wertschöpfung als Grundhaltung vermittelt wird. Hier wünschen sich 2 von 3 Vertretern eine klarere Ausbildung in Strategie Themen, mit entsprechenden Instrumenten und Denkstrukturen.

„Ja, auf jeden Fall – das war deshalb auch ein Schwerpunkt der Ausbildung. (Anm. des Autors: Verweis auf Ausbildung an der ZfU). Die Auftragsklärung setzt voraus, dass das Dreieck HR BP- Kunde - Experten (aus den CoE) in eine gute Balance gebracht wird; er muss systematisch und mit guten Instrumenten ausgestattet sein z.B. wie macht man eine saubere Organisationsanalyse – was ist der Auslöser? Systemische Ansätze werden gefördert; eine mehrdimensionale Situationsanalyse, eine klare Hypothesenbildung, kollegiale Fallstudien müssen erhoben werden; auch die TPC Matrix (Anm. des Autors: nach Noél Tichy) haben wir weiterentwickelt und angepasst...“ (II-2)

„Ja, es sollte ein General Management MBA sein, betriebswirtschaftlich und strategisch orientiert sein: Und darin gibt's HRM Module. Die Art und Weise, wie HR präsentiert und positioniert wird, ist dabei wesentlich; es muss nicht unbedingt ein auf HR spezialisierter MBA sein; es muss das richtige Selbstverständnis von HR transportiert werden.“ (II-3)

4.2 Interne Vertreter

In diesem Abschnitt werden die Ergebnisse der internen Vertreter (Gruppe III bis V) präsentiert. Hierbei werden nun die inneren Unternehmensperspektiven miteinander verglichen und direkt aus den spezifischen HR Transformationserfahrungen bezüglich der Forschungsfragen berichtet. Bevor sich diese Untersuchung den eigentlichen Hauptakteuren, den HR BP widmet, sollen zunächst HR Manager aus anderen Abteilungen oder Positionen von ihren Erfahrungen berichten.

4.2.1 Gruppe III - Andere HR Vertreter

„Mit den Füßen im Dreck und mit dem Kopf über den Wolken“ – man darf die Erdung auf keinen Fall verlieren.“ (III-1)

„Die Business Partner, die gescheitert sind, sind im Wesentlichen an zwei Dingen gescheitert: Erstens, sie sind gescheitert am mangelnden Abstraktionsvermögen.

Und der zweite Punkt ist das Persönlichkeitsmerkmal: Belastbarkeit. Sie müssen, unter massivem Druck, Entscheidungen treffen, die der Linie nicht passen." (III-1)

Diese beiden Zitate können als gemeinsame Überschrift für diese Gruppe stehen. Die Überschrift lässt schon ahnen, dass der Transformationsprozess bei allen Vertretern ein mühseliger Weg war bzw. noch immer ist, der auch Opfer fordert.

„Ich muss auf der anderen Seite auch sagen, dass ich ganz persönlich meine, dass das HR BP Modell zum großen Teil gescheitert ist; das was D. Ulrich in seinem Buch The HR Champion geschrieben hat, ist m.E. in den Unternehmen nicht konsequent umgesetzt worden.(III-2)

Bei der Gruppe III handelt es sich um die heterogenste Gruppe von allen untersuchten Gruppen. Die größten Unterschiede liegen in der Varianz der Unternehmensgröße (das kleinste Unternehmen gegenüber dem größten Unternehmen), zwei Schweizer Vertreter gegenüber einer deutschen Vertreterin sowie die jeweiligen HR Perspektiven und Verantwortungsbereiche unterscheiden sich hier am deutlichsten.

Das sich in der Praxis etablierte 3 Säulen Modell verfügt neben dem Business Partner auch über ein Shared Service Center sowie ein Center of Expertise. Zwei der drei Interviewpartner decken je diese Bereiche – jeweils als Leiter – ab; ein Vertreter ist der Personalleiter eines mittelständischen Unternehmens, der die Einführung der HR Transformation nach seinem eigenen, von Dave Ulrich inspiriertem Modell verantwortet hat. Das macht die Vergleichbarkeit der Aussagen auf der einen Seite für den Autor schwieriger, aber gleichzeitig bietet es auch die Chance, einen gemeinsamen Nenner trotz der unterschiedlichen Kontexte, zu finden, der dann eventuell einen allgemein gültigeren Charakter besitzt als Aussagen aus eher homogenen Gruppen.

Gemeinsam ist allen drei Vertretern, dass sie die noch immer stattfindende HR Transformation jeweils verantwortlich stark mitprägen und eng mit HR BP zusammen arbeiten.

Bevor die eigentlichen Forschungsfragen erläutert werden, soll das Stimmungsbild der Unternehmen kurz skizziert werden, damit deutlich wird, warum in den Gesprächen eine eher ernüchternde Bilanz gezogen wurde. Der HR Transformationsprozess bedeutete in erster Linie im Vorfeld Stellenabbau und radikale Veränderung sämtlicher Arbeitsprozesse.

„Ich glaube auch, dass der Markt für HR BP in den nächsten Jahren massiv dünn wird. Ich glaube, die Unternehmen haben erkannt, dass die wenigsten Firmen dieses Modell richtig sauber umsetzen konnten, und die werden deshalb zurückbuchstabieren auf ein konservatives HR. Und dann hat wieder der HR Leiter die Rolle des BP; über den werden die strategischen Themen abgewickelt. Was man nicht selbst erledigen kann, da holt man sich eben gute strategische Beratung ins Haus und das wars." (III-1)

„Ich hatte also einen Personalleiter, der hat mir Ressourcen gegeben: Zeit, Geld, Infrastruktur ...in der Zeit wurde auch HR abgebaut. Die Einzigen, die nicht abgebaut werden mussten, waren die HRBP." (III-1)

„Das darf man eben auch nicht vergessen, denn das Unternehmen hat in den letzten Jahren viel Zeit damit zugebracht, Personal abzubauen; d.h., dass viele Personal Bereiche eine unglaubliche Expertise haben in: „wie baue ich geräuschlos Personal ab."(III-3)

„Momentan ist der HR BP der um lackierte HR Allrounder. Von PWC wird unser Trans-formationsprozess begleitet und momentan wird der HR BP noch zu breit definiert. Langfristig müssen mehr Serviceaufgaben aus der BP Rolle herausgelöst werden... es soll mehr zentralisiert werden und über IT Systeme abgewickelt werden. Unser Ziel ist folgende Verteilung: 15-20% HR BP + 15-20% CoE + 60-70% SSC. Dann ist die Umstellung erfolgreich, wenn Prozesse effizient und kostengünstiger sind – das sind die vorrangigen Stellhebel – wenn Effizienz und Kostensenkung gelingt. Momentan jedoch sind 50% unserer Personaler HRBP!"

Autor: Wie soll der Auswahlprozess über Kompetenzdiagnostik stattfinden? „– I: „Das ist eine gute Frage. Bei den HRBP war jetzt ein Seminar über die zukünftige Rolle der BP. Die Herangehensweise war dabei die: wir stellen jetzt die Organisation um und auf Seitens des Geschäftes wird eine neue Erwartungshaltung vom Geschäft aus an das HR kreiert. Im Dialog mit PWC wurde deutlich: meistens erledigen sich solche Assessments durch „natürliche Selektion" – wenn sich nämlich das Geschäft neu ausrichtet und entsprechende Erwartungen entwickelt, wird sich im Folgeprozess natürlich zeigen, wer für die neuen Anforderungen in Frage kommt und wer nicht. Die werden sich dann anderweitig orientieren (müssen: Anm. des Autors)." (III-2)

„Das war ein sehr heftiger Prozess, denn man hat die Personalwirtschaft heraussortiert, die man in das SSC stecken wollte; und hat mit den MA, die noch übriggeblieben sind, sogenannte Entwicklungsgespräche geführt und hat anhand der Kompetenzmodelle gefragt, wo es hin gehen soll." (III-3)

„Ein weiterer Trend ist bemerkbar: nach vielen Gesprächen mit Personalleitern, habe ich festgestellt, dass viele aus der erweiterten GL wieder in die HR Leiter Funktion zurück befördert waren, weil man sich sagt: „HR ist zwar wichtig, aber nicht so wichtig, dass die an jeder GL Sitzung dabei sein müssen". Ich bemerke nur, die Kollegen geraten zunehmend unter Druck und zwar immer dann, wenn GL reorganisiert wird, dann ist plötzlich HR draußen. Das deutet für mich darauf hin, dass man sich über den realen Wert von HR nicht im Klaren ist." (III-1)

Diese Aussagen sollen hier genügen, um das Stimmungsbild und den Hintergrund für die Entwicklung von Kompetenzprofilen zu zeichnen.

Aufgrund der Unterschiedlichkeit der Gruppenmitglieder, konnte kein einheitliches Kompetenzprofil für einen HR BP entwickelt werden. Insbesondere die Unternehmensgröße ist für die unterschiedlichen Ausprägungen der Profile entscheidend. Eine Tendenz war jedoch in den Gesprächen deutlich zu erkennen:

Je größer das Unternehmen,

- desto spezieller die Anforderungen für HR BP
- desto höher in der Hierarchie wird die strategische Kompetenz angesiedelt
- desto größer der Widerstand gegen Veränderungen am eigenen Rollenprofil

Der letzte Punkt – <u>Widerstand</u> – scheint dem Autor erwähnenswert, weil in den Aussagen der Interviewpartner deutlich wird, dass die Gestaltung von Kompetenzprofilen auch eine politische und Macht Dimension besitzt, gegen den sich der Widerstand erhebt.

„Viele Personaler machen ihre administrativen Aufgaben sehr gerne und tun sich sehr schwer, diese aufzugeben – obwohl vom Verständnis der HRBP es so war, dass sie administrativen Tätigkeiten nicht so gerne tun – so nutzen sie sie doch sehr stark, um gesunde Partnerschaftsbeziehungen zum Linienmanager aufzubauen." (III-2)

„Man kann sich als HRBP auch ein Stück weit beliebt machen, wenn man die eine oder andere administrative Aufgabe einfach noch mit erledigt!" (III-2)

„Ehrlich gesagt ist es immer noch so, dass unsere Personaler bis zum Halse in operativen Themen stecken; die haben kaum Möglichkeiten irgendetwas zu delegieren; da läuft halt viel über das SSC – die Idee dahinter ist ja die: der Mitarbeiter selber wendet sich gar nicht mehr an den Personaler vor Ort, sondern soll direkt im SSC anrufen – das funktioniert mehr oder weniger. Was ganz lustig ist, ist der Effekt: dass es viele Personaler eigentlich gar nicht wollen – sie wollen den Kontakt zu den Mitarbeiter nicht verlieren." (III-3)

„Wer geht in welche Säule? Aus bestehenden Mitarbeitern wird jetzt aussortiert. Es wurde vermieden, es durch externe Berater hart durchzuziehen, sondern es wurde auf die „Selbstheilungskräfte" der Organisation gesetzt. Es gibt Leute, die sich jetzt stark nach extern orientieren – weil es ihnen nicht passt – das hat alles schon angefangen." (III-2)

<u>HR BP Kompetenzprofil allgemein</u>

Die Kompetenzprofile, wie schon eingangs erwähnt, variieren in dieser Gruppe am stärksten. Doch bei allen Vertretern gab es zwei wichtige gemeinsame Nenner:

Das Verständnis vom Business sowie eine verstärkte Ausrichtung auf Wertschöpfung.

„Man darf nicht von einem theoretischen Modell ausgehen, sondern der HR BP muss das Geschäft derjenigen richtig verstehen, und beraten. Wenn dann die Führungskraft merkt, „ah, der versteht mein Geschäft", dann steigt er automatisch nach der Zeit in der Anerkennung und er gibt ihm dann höher qualifizierte Aufgaben." (III-2)

„Wir nennen es „Bereichsspezifisches Geschäftswissen". Die Indikatoren dafür lauten:

Der HR BP kennt die Geschäftsprozesse der Fachbereiche (bzw. derjenigen, die er betreut) und leitet auf Grund von seinem Verständnis der Geschäftsprozesse, zusammen mit den Fachbereichen, Aktivitäten für die Personalarbeit ab." (III-3)

„Personalbetreuung innerhalb der Wertschöpfungskette Personal". Die Indikatoren dafür lauten: kennt die Prozesse und Schnittstellen innerhalb der Wertschöpfungskette von Personal und der relevanten Ansprechpartner; kommuniziert richtig innerhalb dieser Wertschöpfungskette; leitet Informationen weiter; arbeitet gut mit dem SSC zusammen; stellt auch hier die Kommunikation sicher; stellt mit den Kollegen aus dem SSC die Qualität der Personalarbeit sicher." (III-3)

Des Weiteren wurden diese Kompetenzen am häufigsten genannt:

- Kenntnisse im Recht (Arbeits-, Beamten-, Dienst-, Tarif-, Sozialrecht)
- Personalplanung und Controlling
- Personalbeschaffung
- Führungskräfteentwicklung
- Change Management und Projektmanagement
- Kosten und Zahlenverständnis (III-1-3)

<u>Bedeutung der Strategiefähigkeit für HR BP</u>

„Ich bezweifle, dass HR in der Lage ist, strategische Themen sauber zu bearbeiten. Den administrativen HR Mitarbeiter kriegt man nur schwer in eine BP Rolle hinein." (III-2)

Das obige Zitat soll verdeutlichen, dass bei aller Einsicht, dass Strategiefähigkeit sinnvoll ist, eine große Skepsis vorherrscht, ob die meisten HR Mitarbeiter dazu in der Lage sind.

Die Interviewpartner, die jeweils aus leitenden Positionen den Transformationsprozess mitbegleitet und gesteuert haben, betrachten die Strategiefähigkeit im Bündel mit anderen Kompetenzen wie Beratungskompetenz, Change Management oder Projektmanagement Fähigkeiten als sehr wichtig an.

Alle drei Interviewpartner fühlen sich dem systemischen Ansatz nahe. Sie haben einen entscheidenden Anteil an entsprechenden Ausbildungsprogrammen und ziehen dennoch ein teilweise ernüchterndes Fazit.

„Ich hatte die ganz ganz tolle Aufgabe in 2007, zusammen mit der Top Management Akademie, zu überlegen, wie kann das Thema Change Agent platziert werden? Wir haben uns entschieden, auch weil es gerade en vogue war

im Unternehmen, die MA sollen ein systemisches Verständnis gewinnen. Es sollten wirklich alle PL und PR dahin gehen; und wir sprechen dann hier immer von tausenden Mitarbeitern." (III-3)

„Ich arbeite mit dem Tool von Noél Tichy – die TPC Matrix, entlehnt aus seinem Buch The leadership ancient". Der wichtigste Punkt, bevor Sie überhaupt in einen Change Prozess starten, ist die Diagnose. Wenn Sie hier zielsicher sagen können, was die Krankheit ist, dann haben Sie schon 50% der Miete drin. Wir trainieren hier, Krankheiten zu erkennen." (III-1)

„Weshalb mache ich das? Es geht mit nicht so sehr um den systemischen Ansatz, obwohl ich zutiefst davon überzeugt bin, dass der systemische Ansatz der einzig erfolgsversprechende Ansatz ist. Ich möchte jedoch eine Austauschbarkeit ermöglichen – ich möchte, ob nun der HR BP A oder B beim Kunden arbeitet, dass in etwa die gleichen Ergebnisse heraus kommen." (III-1)

„Wir haben den systemischen Ansatz geschult, wir haben kollegiale Fallberatung eingeführt und ein Arbeiten im Dreischritt geschult: Informationen sammeln - Hypothesen erstellen und dann erst Maßnahmen ableiten. Das ist, das können Sie mir glauben, das Schwierigste für die Leute. Die Leute springen direkt von der Information zur Maßnahme. Und die richtige Hypothesenbildung bedeutet: abstraktes Denken." (III-1)

Die Relevanz der strategischen Fähigkeit im HR Alltag wird jedoch nüchtern und kritisch betrachtet. Nicht alles ist Strategie. Dennoch hilft diese Fähigkeit, sich den täglichen Herausforderungen zu stellen. Es ist also nur ein scheinbarer Widerspruch; man kann hohe Strategiefähigkeit besitzen und dabei ganz konkrete Anliegen lösen.

„Man verankert ein HRBP Modell in die Linie nicht über strategische Fragestellungen oder durch schlaues Gerede,... sondern über den Performance Coach"

„Beratungskompetenz wird nicht abgefragt – es werden von Führungskräften, die Dinge vom HR abverlangt, damit sein Business reibungslos läuft: richtige Personalbesetzung und Gehaltserhöhung zur richtigen Zeit, reibungsloser Ablauf von Zielvereinbarungsgesprächen etc – also erst müssen die Prozesse richtig laufen – als notwendige Voraussetzung dafür, dass PR auch als Berater angenommen und ernst genommen geworden werden." (III-3)

„Sie müssen also erst mal für die Linie ganz normal Probleme lösen; z.B. Mitarbeiter oder Team Konflikte, also da, wo der Schuh der Linie drückt, da muss der HRBP rein. Und dann muss er gute strategische Beratungskompetenz haben, um zu erkennen: wo sind die Problemfelder? Das hat nur bei HR Mitarbeitern funktioniert, die taktisch und strategisch fit waren." (III-1)

Die schon erwähnte Unternehmensgröße und hierarchische Struktur hat einen erheblichen Einfluss auf die Gestaltung der Kompetenzprofile und insbesondere auf die hierarchisch verortete Notwendigkeit oder Gewünschtheit von Strategiefähigkeit. Hier spiegelt sich am deutlichsten das der Organisation zugrunde liegende Strategie-verständnis wider. In folgenden Zitaten – übrigens aus dem größten Konzern – wird der priorisierte Top-Down Ansatz deutlich.

„Mir ist aufgefallen, dass diese Fähigkeit in den ganzen Profilen interessanterweise nicht mit drin ist – ich schaue gerade nach im Profil des PL-Betrieb – zumindest ist es da nicht drin; ich kann mir vorstellen, dass es im Profil vom PL-Region drin ist; unser Unternehmen ist ja nach wie vor ein extrem hierarchisches Unternehmen…der sitzt im GL Gremium mit drin und von dem, so denke ich auch, wird massiv strategisches Denken erwartet; der wiederum ist dann auch schon im Top Management Bereich unterwegs, und wird dann über die Programme der Unternehmens Akademie z.B. mit Malik oder was weiß ich , dann auch bespaßt. Bei den anderen ist es aber offensichtlich nicht drin." (III-3)

„Diese Fähigkeit steht definitiv nicht explizit drin. Die Erklärung liegt vielleicht darin, dass das Thema strategische Kompetenz auf ausschließlich Top Management Seminar Niveau in den Akademien stattfindet; da bin ich dann mindestens auf der PL Ebene." (III-3)

„Du findest dieses Thema schon in den Programmen des Unternehmens. Auf unterer Ebene geht es eher darum, grob das Thema „Unternehmenssteuerung" zu verstehen. Wie wird im Konzern Strategiearbeit betrieben? Und was ist überhaupt Strategie? Und dann erst auf Top Management Ebene geht's es darum: wie erwerbe ich diese Kompetenz? Wie wende ich sie an?" (III-3)

Ein letzter Aspekt soll an dieser Stelle noch erwähnt werden. Strategien sind per se mindestens mittelfristig angelegt. Der unmittelbare Nutzen erschließt sich im Alltag nicht sofort. Das setzt den HR BP unter Rechtfertigungsdruck und erklärt eventuell die fehlende Wahrnehmung aus der Linie.

„Die HR BP haben so ein Problem, dass sie nicht genau zeigen können, was sie leisten....Der HRBP, der soll ja einen mittelfristigen bis langfristigen Impact haben, der hat es relativ schwer, es messbar zu machen. Wenn man dieses BP Modell zum tatsächlichen Erfolg helfen möchte, dann muss man dem realistische und gute KPI zur Verfügung stellen. Wenn Sie nachweisen können, dass das, was Sie machen, Einfluss auf den Geldbeutel des Unternehmens hat, dann sind Sie bei den Leuten." (III-2)

„Die klassischen HR Leiter, die sehr stark im Operativen auch verhaftet sind, die haben das Ulrich Modell schon immer gehasst. Der klassische HR Leiter kann sagen: ich habe so viele Dossiers gemacht. Ich habe Lohnerhöhungen gemacht: ich habe so viele Entlassungen/ Einstellungen ermöglicht – das kann man alles sehr gut messen." (III-1)

„Ich muss mich tagtäglich über die Kosten rechtfertigen. Wenn ich nicht nachweisen kann, dass wir was bringen, dann sind wir auf Messers Schneide. Zu meinen, dass noch irgendeine Firma opulentes Geld hat für HR...das sind Märchen." (III-1)

<u>Chancen externer HR BP Aus- und Weiterbildungen</u>

Alle drei Interviewpartner haben die Weiterbildungsprogramme für den HR Transformationsprozess mitgestaltet. Innerhalb dieser Programme wurden die neuen Rollen des HR BP in seinem Selbstverständnis, den Aufgaben und Zuständigkeiten geschult. In jedem Unternehmen, vom Mittelstand bis zum Großkonzern, wurden Mischformen eingesetzt. Unter Mischformen versteht der Autor, interne Programme mit externer Unterstützung. Hierbei wurden, differenziert im Grad der externen Beteiligung, verschiedene Varianten deutlich. Alle Programme fanden Inhouse statt und waren auf die speziellen Bedürfnisse des Unternehmens abgestimmt.

„Ich habe Geld für Ausbildung bekommen; die habe ich zu 80% intern und 20% extern gemacht. Durch Training on the job haben die Mitarbeiter ein

Ausbildungsprogramm gemacht, wo wir sehr viel selbst erarbeitet haben. Zu ausgewählten Schwerpunktthemen haben wir uns extern , dann aber wirklich, Top Berater geholt; die waren sehr teuer, aber das hat sich gelohnt; wir haben on the job konkrete Frage- und Problemstellungen erarbeitet und dann hat der Berater uns on the job begleitet; ich rate von einer reinen externen Ausbildung ab – die bringt meines Erachtens fast nichts; die muss tailor-made sein, zugeschnitten auf die Herausforderung des Unternehmens." (III-1)

„Wir haben es dann mit Königswieser und Network gemacht; das war toll, weil alle Change Experten des Konzerns daran beteiligt waren. Wir haben es wirklich geschafft, gegen Widerstand des Konzerns und auch gegen Widerstand von Königswieser, dass wir unseren Standpunkt verteidigen konnten, der da hieß: „wir möchten nicht, dass hier irgendein externer Berater kommt und unseren Leuten sagt, wie sie ihren Job machen sollen." sondern „wir machen das im Tandem". Wir haben es dann wirklich immer in der Kombination eines externen und eines internen Trainers gemacht." (III-3)

Gefragt nach rein externen Ausbildungen zum HR BP, waren alle Interviewpartner skeptisch bis ablehnend. Einigkeit herrschte darin, dass ein Masterstudiengang auf keinen Fall reichen werde und eine General Management Ausbildung wesentlich sinnvoller als Grundlage für einen HR BP betrachtet wird.

„Ich rate von einer reinen externen Ausbildung ab – die bringt meines Erachtens fast nichts; die muss tailor-made sein, zugeschnitten auf die Herausforderung des Unternehmens." (III-1)

„Man sollte lieber in eine solide Grundausbildung investieren, der Rest ergibt sich on the job. Diese ganzen Master in HR BP – ich glaube nicht, dass das funktioniert. Wenn schon, dann ein General Management MBA , von mir aus mit einer Vertiefung in HR. Empfehlung: wenn man Abstraktionsfähigkeit schulen will und ins HR wechseln will, dann sollte man lieber Physik, Mathematik oder Ingenieurwesen studieren." (III-1)

„Den meisten HR lern fehlen solide Methodenkenntnisse, wie einfache Statistikmethoden. Ich würde ein solides Studium empfehlen, mit gründlichen BWL Kenntnissen, mit solidem Strategischen Managementwissen, Kosten- und

Unternehmensrechnung gehört für mich dazu; man muss einen Quartalsbericht seiner Unit lesen können und mit seinem Unitleiter darüber reden können, was die Zahlen bedeuten." (III-2)

4.2.2 Gruppe IV - HR Business Partner – regional

An dieser Stelle kommt die Untersuchung zu den Ergebnissen der HR Business Partner. Der Autor hat für die Ergebnisdarstellung nochmals unterschieden zwischen dem regional und dem global tätigen HR BP. Es handelt sich bei beiden Gruppen (IV und V) um die Innenperspektive, um die eigentlich handelnden Akteure. Deshalb werden sie miteinander verglichen, um zu untersuchen, ob ein gravierender Unterschied in den Kompetenz-profilen, der Relevanz der Strategiefähigkeit oder der Einstellung zu externen Ausbildungen besteht.

Im folgenden Abschnitt werden die Ergebnisse der drei HR BP regional dargestellt.

„Was wir leisten müssen als HR BP, ist zu verstehen, wo ist der Schmerz vom Management" (IV-2)

Dieses Zitat mag als Überschrift dieser Gruppe gelten, weil sich alle Vertreter einig waren, das in erster Linie das Business , und somit auch die handelnden Manager, steht an erster Stelle für einen HR BP.

In dieser Gruppe kann übereinstimmend festgehalten werden, dass sich die Interviewpartner seit ca. 2-3 Jahren in einem Transformationsprozess befinden. Jedem der beschriebenen Unternehmen lag als Ausgangslage für diesen Transformationsprozess ein sehr traditionelles Personalwesen zugrunde. Zwei von drei Interviewten hatten das Gefühl, einem Etikettenschwindel zu erliegen. Einen großen Mehrwert konnten sie nicht bestätigen. Man könnte hier von überhöhten Transaktionskosten sprechen.

„Man versucht das Kompetenzprofil neu zu begreifen, weil man dem Ganzen schon einen anderen Namen gegeben hat. Bei uns ist der Transformationsprozess böse ausgesprochen so gelaufen: wir haben einfach nur den Namen gewechselt. Die Leute machen das Gleiche wie vorher auch. Wir waren sehr klassisch aufgestellt mit sehr konservativ klassischer Struktur. Dann kam ein neuer PL, der das Ulrich Modell inhaliert hatte und meinte, dass müsste bei uns auch funktionieren. Er hat dann den Transformationsprozess angestoßen, der über 3 Jahre gelaufen ist, mit dem Ergebnis, dass letztlich die Personalreferenten, die

ohnehin schon nicht nur rein administrative Tätigkeiten gemacht haben, wie etwa PE, in die neue Rolle des HRBP hineingeschlüpft sind." (IV-3)

Bei keinem der drei Interviewpartner wurde der Wertschöpfungsbeitrag an allererste Stelle gerückt, sondern ausführlich beschrieben, wie hoch der Aufwand für die Umstrukturierungen und Beschreibungen der Prozesse waren.

„Mehrwert? Nicht wirklich. A) Wir sind nicht geschult worden, ein BP zu sein. Es war eigentlich niemandem jetzt klar, was es eigentlich ändert. Liegts jetzt an der Art und Weise wie man die Kunden berät oder betreut? Und B) es hat sich im Arbeitsalltag nichts geändert. Eigentlich hatten wir alle das Gefühl: es hat sich doch nichts verändert. Wir haben sehr viel Zeit dafür angewandt, um die ganzen Prozesse zu definieren; jeder kleinste einzelne Prozessschritt sollte aufgemalt werden – dann mussten wir irgendwelche Kästchen malen, z.B. zur Erstellung der Stellenanzeige, welche Abteilung daran beteiligt ist und was das Ergebnis ist – sehr sehr viel Arbeit, aber meines Erachtens hat es nicht wirklich was gebracht. Es sollte dazu dienen, wenn einer neu anfängt, dass er dann einfach da reinguckt und es dann tut. Aber ehrlich gesagt, es ist sehr viel Theorie, aber ich glaube, man lernt mehr, wenn man jemandem einfach über die Schulter guckt." (IV-1)

„Selbstkritisch muss ich zugeben, was das Qualifikationsprofil angeht sehr wenig getan; Wir haben es im Wesentlichen alles anders benannt und versucht, dem ein bißchen mehr Anspruch zu geben, denn es sollte eine Aufwertung innerhalb der Organisation stattfinden." (IV-3)

HR BP Kompetenzprofil allgemein

Es war schwierig, klare Kompetenzprofile übergreifend zu verdeutlichen, da bei zwei von drei Interviewpartner das Gefühl vorherrschte, dass sich eigentlich nach der Transformation gar nichts geändert habe. Daher fragte der Autor nach den persönlichen Definitionen. Diese orientierten sich stark an der Formel von Claßen und Kern.[54]

„Mein persönliches Verständnis vom HR BP und seinem Kompetenzprofil sieht so aus:

Zum einen ist es die betriebswirtschaftliche Kernkompetenz, damit er versteht, was in seinem Geschäftsfeld die wesentlichen Themen sind. Er muss das

[54] Vgl. Claßen/Kern, 2010

Business verstehen, denn Personal ist kein Selbstzweck, sondern hat eine betriebswirtschaftliche Funktion.

Die zweite Säule ist Personalwirtschaftliche Fachkompetenz, ich muss wissen, wie Stellen besetzt werden oder welche HR Prozesse im Haus angewendet werden Ich muss es nicht selbst machen, aber verstehen muss ich es. An dieser Stelle darf ich nicht angreifbar sein.

Weiterhin, ich muss wissen, was die strategische Ebene vorgegeben hat und muss es übersetzen können auf HR. Und die dritte Säule ist, ich brauche hohe persönliche Kompetenz, hohes Maß an Beratungsfähigkeit, eine Menge an Konfliktfähigkeit und Stresstoleranz und eine Seniorität, ich brauche schon einige Jahre Berufserfahrung – das kann kein Neuling machen. Ich brauche das Standing und die Fähigkeit auf allen Führungsebenen als Sparringspartner zu fungieren " (IV-3)

„Wir haben uns gegen ein Shared Service Center, wo alle alles machen entschieden und arbeiten stattdessen mit den Tandems: PR plus Personalsachbearbeiter" (IV-1)

„Anerkennung findet statt über Businessverständnis. Einmal das Verständnis für die Manager selbst. Was macht denen Lust? Was bereitet Schmerz? Was treibt sie an? Und wenn wir dann noch mit ihren Zahlen, Kennzahlen, Geschäftsberichten gut mitreden können, dann werden wir eher akzeptiert." (IV-2)

<u>Bedeutung der Strategiefähigkeit für HR BP</u>

Der Verweis des Autors auf die Ergebnisse der HR Image Studie 2011 (Siehe.Kapitel 2.3.1), in der die Diskrepanzen von Selbstverständnis der Personaler und der Fremdwahrnehmung der Linienmanager deutlich werden, ist bei allen Vertretern dieser Gruppe auf große Bestätigung gestoßen.

Insbesondere bei der Frage nach Relevanz von strategischer Einflussnahme von HR, waren sie sich einig, dass sie alle nur über Strategien informiert werden, aber nicht aktiv beteiligt werden.

„Das strategische wurde nicht gelebt, steckt noch sehr in den Kinderschuhen. Es gab z.B. keine Personalplanung oder Nachfolgeplanung, was ja durchaus strategisch wäre. Es blieb in der Hand des PL bzw. der Personaldirektorin." (IV-1)

„Unter strategischer Kompetenz verstehe ich, dass ich in der Lage bin, Themenfelder zu erkennen, die für mein Unternehmen, meinen Bereich relevant sind. Das kann z.B. sein: Auswirkungen von Altersstrukturen oder hoher Fluktuationen. Das kann sein, die Veränderung von Anforderungen, wie stelle ich sicher, dass der Bereich in der Lage ist von Mitarbeiterseite diesen Anforderungen gewachsen ist? Diese Themen muss ich aber nicht nur erkennen, sondern auch gestalten können." (IV-3)

„Die Frage nach der Beteiligung an strategischen Lösungen ist für mich zentral. Momentan werde ich informiert, allenfalls bei hoch HR relevanten Themen werde ich gefragt. Aber wo will ich hin bzgl. frühzeitiger Einbindung von strategischen Entscheidungsprozessen – das ist für mich zentral. Gerne will dahin, dass der Personalbereich aktiv integriert wird, aber das ist noch sehr sehr weit in der Zukunft." (IV-3)

„Das hängt aber auch von der Güte des HR Teams ab. Momentan würde ch sagen, können wir dies zwar wollen, aber nicht umsetzen."

<u>Chancen externer HR BP Aus- und Weiterbildungen</u>

Ähnlich wie in den anderen Gruppen bestand Skepsis gegenüber zu sehr auf HR spezifizierten Studiengängen. (Dies obwohl eine Interviewpartnerin selbst an der Haufe Akademie ein HR Manager Studium absolviert hatte)

„Ein spezifischer HR MBA macht keinen Sinn. Die Personaler sollten nicht immer an Personalthemen festhalten. Wenn wir BP für das Management sein wollen, dann tun wir gut daran, eine eher General Management Ausbildung zu machen. Was wir leisten müssen als HR BP, ist zu verstehen, wo ist der Schmerz vom Management" (IV-2).

„Ich bevorzuge einen eher generalistischen Ansatz im Studium, der dann vereinzelt HR Module mit der richtigen Haltung vermittelt." (IV-2)

„Ich hätte mir Weiterbildung gewünscht wie PR als Coach – das wäre sicher nicht schlecht. Eine Beratungskompetenz wäre gut – systemische Beraterausbildung würde wahrscheinlich zu weit führen." (IV-2)

„Erlernbar sind am einfachsten die Fachlichen HR Themen: wer ist an welcher Schnittstelle wofür zuständig?...das geht schnell. Dafür aber brauche ich kein Studium. Persönliche Kompetenzen hingegen kann man nur teilweise lernen, das müssen die Leute schon mitbringen. Deswegen finde ich, dass ein Studium nur im

Bereich der Fach- und Methodenkompetenz Entwicklung sinnvoll ist – aber auch nur dort." (IV-3)

Als der Autor darauf verwies, dass moderne MBA Programme sich zum Ziel setzen, auch die soziale und persönliche Kompetenz entwickeln wollen und den Interviewpartner fragte, wie dies z.B. geschehen könnte, antworte er folgendes:

„Es müssen interaktive Methoden eingesetzt werden, wie z.B. Planspiele. Sonst funktioniert es nicht, nur davon zu reden, und auf interaktive Methoden zu verzichten." (IV-3)

4.2.3 Gruppe V- HR Business Partner - global

„Das verstehe ich unter einem HR Business Partner: der macht mehr, als nur auf Zuruf auf einzelne Personalprobleme einzugehen, sondern er klärt, regelt und steuert proaktiv mit dem Manager oder Bereichsleiter zusammen, die Personalthemen im großen und im kleinen." (V-1)

„Kern des HR BP ist proaktiv auf Kunden zu zugehen, das ist conditio sine qua non." (V-2)

Diese Haltungen zogen sich durch beide Interviews als roter Faden. Deshalb sollen diese Zitate als Motto für die Gruppe V gelten.

Bei den Interviewpartnern der Gruppe V handelt es sich um Vertreter großer, internationaler Konzerne, in denen der HR Transformationsprozess schon mindestens fünf Jahre andauert. Daher soll von einer gewissen Reife und Ausdifferenzierung der unterschiedlichen Systeme, Rollen und Funktionen des Personalmanagements ausgegangen werden. Sie verfügen über einen großen Schatz an Erfahrungen. Sie waren beide zunächst als HR BP regional für eine Business Unit verantwortlich, bevor sie, nach internationalen Einsätzen, die Position für ein globales Geschäftsfeld übernommen haben. Beide tragen Personalverantwortung für mehrere HR BP, die ihnen berichten.

Daher können sie jeweils aus ihrer eigenen Erfahrung in der Rolle als HR BP sprechen, als auch über HR BP Mitarbeiter. Das unterscheidet sie von den Vertretern der Gruppe IV.

Beide haben betont, dass der Begriff des HR BP sehr unterschiedlich in den Unternehmen gebraucht wird und dass das Kompetenzprofil stark davon abhängt, in welche Richtung die Transformation stattfindet.

„Wir unterscheiden zwischen den geografisch angesiedelten HR Positionen: das sind PR, PL, oder HR Direktoren eines Landes und den HRBP, das sind Partner für Geschäftsfelder. Aufgrund der Matrixorganisation tummeln sich verschiedene GF in einer Region." (V-2)

„Wir sind im ständigen Transformationsprozess, aber wir sind schon sehr weit. Wenn ich mit Leuten aus anderen Unternehmen spreche, dann sehe ich, dass diese Firmen sich jetzt stark zentralisieren. Wir waren sehr stark zentralisiert. Es gab drei sogenannte HR Technologies, die global durchstrukturiert waren in Compensation & Benefits; Talent Management und Work Force Planning….Und jetzt wachsen wir in neues Modell rein, was wieder stärker die einzelnen GF unterstützt. Unsere Unit hat, weil sie sehr stark am Kunden orientiert ist, die größte Handlungsfreiheit." (V-2)

<u>HR BP Kompetenzprofil allgemein</u>

In einem Unternehmen wurden im Transformationsprozess folgende Rollenprofile durch die Unternehmensakademie festgesetzt:

„Wir haben neue Kompetenzen für die HR Rollen in unserer Akademie entwickelt. Strategy architect, Business ally, Talent manager / organizational designer; Operational executer; Culture and Strange Stuart und der Credible activist." (V-2)

Die Interviewpartnerin wusste nicht, dass diese Rollen 1:1 von Dave Ulrich übernommen wurden.[55] Sie sagte zwar, dass sie bei der Entwicklung dieser Profile nicht beteiligt gewesen sei, aber dennoch deutet es gleichzeitig darauf hin, dass im Unternehmen dieses Profil nicht deutlich genug als ein von Dave Ulrich entwickeltes Modell transparent gemacht hat.

„ Meine Hauptaufgaben bestehen aus: Beratung der Fach- und Führungskräfte, Operation excellence= Implementierung von HR Prozessen; Strategische HR Planung (für Staffing, Talent Management…) und Organisational Design." (V-2)

Der Autor wollte wissen, ob es einen Unterschied gibt in der internationalen Ausübung ihrer HR BP Rolle. Die Antworten haben überrascht. Vordergründig

[55] Vgl. Abbildung **Fehler! Nur Hauptdokument**: HR Business Partner Modelle im Überblick, Modell D.Ullich, 2008

gäbe es keinen Unterschied und dies drückt sich dann in der offiziellen Beschreibung der Kompetenzprofile aus, die internationale Gültigkeit haben. Doch nach genauerer Nachfrage, wurde der kulturelle Unterschied im täglichen Tun betont. Insbesondere die arbeitsrechtliche Situation in Deutschland, die notwendige Zusammenarbeit mit den Betriebsräten bei Personalentscheidungen, macht das konkrete Arbeiten im internationalen Vergleich sehr unterschiedlich. Nach Meinung des Autors sollte dies in den Kompetenzprofilen für Deutschland Berücksichtigung finden.

„Nein, das war haargenau gleich. Für meine Rolle spielte es überhaupt keine Rolle, ob ich nun in Deutschland, der Schweiz oder wer weiß wo gearbeitet hätte." (V-2)

„Die deutschen Unternehmen sind wesentlich stärker hierarchisch strukturiert als die amerikanischen Unternehmen. Das muss man bedienen können." (V-2)

„Nein, gar nicht. So einfach ist die Antwort. ....Aber, ich glaube, die Deutschen haben es am schwersten wegen der Arbeitsrecht und Mitbestimmungsseite, weil sie immer wieder ins Klein-Klein gedrängt werden, wo sie mehrere Schlaufen beachten und durchlaufen müssen – im Gegensatz international, wo die Kollegen wesentlich schneller Beschlüsse fassen können; die können auch schneller mal NEIN sagen und können Entscheidungen treffen." (V-1)

„In Deutschland, bei den Betriebsräten ist wesentlich mehr Strategie gefragt und erfordert mehr Business Partner auf Augenhöhe. Im internationalen Vergleich sehe ich, dass wir in Deutschland ca. 20-30% mehr Aufwand bei Entscheidungen haben. Das verlangsamt den Prozess und kostet Ressourcen. Es tut mir manchmal leid um meine Truppe; im internationalen Vergleich haben andere Kollegen auf gleicher Ebene, bei gleicher Betreuungsgröße 20-30% mehr Zeit und Freiraum, sich strategisch weiter zu entwickeln. ...Ob sie es dann auch machen, ist etwas anderes (lacht)" (V-1)

Für beide Gesprächspartner gehörten, neben der HR Fachkenntnis, die Analysefähigkeit und Beraterkompetenz zu den Kernkompetenzen eines HR BP.

Autor: *„Welche anderen Eigenschaften sind noch wichtig für HRBP – außer Analysefähigkeit und Beraterkompetenz?"*

„Nicht mehr so viel; HR Basiswissen ist wichtig, sie sollten die Freude und Fähigkeit im kommunikativen Kontakt mit Mitarbeitern und deren Konflikten

besitzen. Wenn sie dann noch etwas Analytisches haben und strukturell denken können – na ja, dann passt es." (V-1)

Der Autor fragte nach Auswahlkriterien für die Rolle als HR BP. Im Vergleich zu den Gruppen I und II, waren die Antworten wesentlich pragmatischer orientiert. Vielleicht aus Erfahrung oder Enttäuschung? Interessant war der Teamorientierte Ansatz – der Stellenbesetzer muss zum entsprechend zu betreuenden Team passen. Daher entstanden eine große Flexibilität und zugleich eine Unschärfe in den Profilen.

„Man sollte es auch nicht zu kompliziert machen: Sie müssen das Profil am Markt ja auch finden, es muss machbar sein. Das geforderte Persönlichkeitsprofil muss es ja geben: ich muss auch vom vorhandenen Potential auf dem Markt ausgehen und mich fragen: was gibt es denn? Was ist realistisch? Und nicht einem theoretischen Ideal nachrennen." (V-1)

„Wir arbeiten mit Korn/Ferry und die setzen auch eines der Persönlichkeitsinstrumente ein. Bei HR Stellenbesetzungen haben wir immer den trade –off: Ergebnisorientierung versus Komplexität bzw. intellektuelle Durchdringung. Entweder jemand ist mehr action-orientiert: dann gibt es sicherlich ein leichtes Defizit in analytischer Durchdringung oder umgekehrt. Die Entscheidung fällt dann in Abhängigkeit von der Zusammensetzung des jeweiligen Teams; was braucht das Team?" (V-1)

Bedeutung der Strategiefähigkeit für HR BP

Da der Autor mehr über die strategischen Fähigkeiten wissen wollte, hakte er nach bzgl. des beschriebenen Profils für den Strategy Architect:

„Der strategic architect entwickelt erst mal die HR Business Strategy; er hat eine Vision für die Zukunft des Business und was es für HR bedeutet; er kann Business Strategy in einen jährlichen Implementation Plan übersetzen; er hat ein großes Verständnis für das Business (wer sind unsere großen Kunden? Wie sieht unsere Ebita aus? Wichtige Business facts? Wie sieht unsere Innovation Pipeline aus? Was ist unser goal für die nächsten 3-5 Jahre?) Das muss in HR Strategy übersetzt werden in Aktionspunkte?" (V-2)

„Das Wort strategisch ist ein bisschen arg groß. Ich spreche lieber von konzeptionell. Ich habe gemerkt, meine Truppe ist zu 100% operativ unterwegs. Sie lösen Einzelfälle, und die lösen sie auch nicht gerade strategisch. Die wurschteln sich dadurch. Was meiner Truppe gefehlt hat, war dieses konzeptionelle Denken. Über den einzelnen Schritt hinaus. Das fehlt den meisten." (V-1)

„Ich sage immer, es ist wie beim Schachspiel. Meine Leute haben ein bis zwei Züge gedacht. Die müssen aber eigentlich vier oder fünf denken. Und das auch darstellen können." (V-1)

<u>Chancen externer HR BP Aus- und Weiterbildungen</u>

Auf die Frage hin, ob ein General Management Studium eine gute Grundlage für den HR BP liefere, waren sich bei Vertreter einig.

„Na klar – absolut – die müssen breiter denken, haben größeres Geschäftsverständnis – sie können besser mitdenken; die Themen im MBA – z.B. mit Wahlfach Finance – ist schon komplex einen Cashflow zu berechnen oder einen Kapitalfluss zu erstellen; wenn sie sich tatsächlich mit Strategie auseinandergesetzt haben und nicht– wie im Marketing nur Instrumente des Werbens gelernt haben- sondern wirklich einen Marktdurchdringungsplan mit Chashflow Plan erstellt haben, dann musste schon viel analytisches geleistet werden, was üblicherweise nicht in HR Studiengängen geleistet wird." (V-1)

4.3 Handlungsempfehlungen

In diesem Abschnitt wird der Autor für die drei Zielgruppen (Hochschulen, Personal Berater und große Unternehmen im HR Transformationsprozess) Handlungs-empfehlungen aussprechen. Diese wird er als eine Synthese ableiten, sowohl aus den Ergebnissen der geführten Interviews, aus seinem gewonnenen Verständnis der Literaturstudien, als auch aus seinem eigenen Verständnis als Personalleiter und MBA Absolvent.

4.3.1 Hochschulen

Das ursprüngliche Forschungsvorhaben des Autors sah vor, ein spezifisches, auf den HR Business Partner zugeschnittenes, HR Studiendesign zu eruieren oder zu entwickeln. Dank des Vorinterviews und im Nachhinein erst Recht dank der Ergebnisse dieser Untersuchung, ist er davon abgekommen und hat die Forschungsfragen erweitert. So betrachtet, können ex posteriori die Ergebnisse dieser Untersuchung – auch wenn sie aufgrund des qualitativen Forschungsdesigns keinen Anspruch auf Repräsentativität erheben wollen/können – als Ergebnis eines „Mini-Benchmarks" betrachtet werden. Die Aussagen der Interviewpartner waren unmissverständlich – ein klares Nein zu einem zu spezifisch HR ausgerichteten Studium.(wenn es um die Besetzung der HR BP Rolle gehen soll) Dieses Ergebnis soll als Nebenprodukt dieser Untersuchung betrachtet werden und nicht die eigentliche Handlungsempfehlung darstellen.

Diese soll sich auf die „positiven" Ergebnisse richten. Dem klaren Nein steht ein klares Ja für einen General Management MBA als gute Grundlage bei der Kompetenzentwicklung für HR BP entgegen. Jedoch sollten einige Voraussetzungen erfüllt sein und der Bezug innerhalb der HR Module sollte die Geisteshaltung von Dave Ulrich bzw. seinen Aufruf nach aktivem Beitrag zu Wertschöpfung der Unternehmen widerspiegeln.

Wie dies gelingen könnte, will der Autor im Folgenden beschreiben. Dabei will er drei Handlungsempfehlungen aussprechen, die sich auf die Bereiche Inhalte – Methoden und Persönlichkeit beziehen.

Um den Rahmen dieser Untersuchung nicht zu sprengen, wird der Autor diese Handlungsempfehlungen kurz, teilweise in Stichworten mit Aufforderungscharakter formulieren. Er wird dabei auch auf vollständige Ableitungen aus den einzelnen Interviews oder Literaturstudien verzichten.

Die Interviews ergaben deutlich, dass der Schwerpunkt in den General Management Themen liegen soll und nur ein kleiner Abschnitt HR spezifisch besetzt sein soll.

Der Autor widmet sich diesem HR Abschnitt zu und versucht die Grundhaltung darin zu skizzieren. Eigentlich muss „nur" immer wieder nach dem konkreten Wertschöpfungs-beitrag von HR gefragt werden. Das entspricht dem von der Gruppe II geforderten Mindset.

Bei den Inhalten heißt es: **Was** sind die Personalrelevanten Themen? Bei welchen Themen soll / kann / muss ein professionelles HRM aktiv werden?

Bei den Methoden heißt es: **Wie** kann HRM bei den ermittelten Themen aktiv mitgestalten? Welches Werkzeug kann es wie benutzen?

Bei der Persönlichkeit heißt es: **Wer** soll/kann/muss aktiv sein? Was braucht die Person, um bei den zuvor ausgewählten Themen und Methoden erfolgreich zu sein? Welche Eigenschaften fördern diesen Erfolg?

4.3.1.1 Inhalte

Welche Themen sind zukünftig von Bedeutung?

1. Hier hilft ein Blick in die jährlich Trendstudien und ein Abgleich der jeweilig ermittelten Trends. Beispielhaft sei hier auf die aktuelle DGFP Studie: Megatrends und HR Trends, Praxispapier 07/2011 verwiesen. Hier werden folgende fünf Megatrends mit Auswirkungen auf das Personalmanagement eruiert: Demografischer Wandel – Wertewandel – Digitalisierung und Virtualisierung der Arbeit – Globalisierung – Knappe Ressourcen/Energiewende. Wer strategisch – also an langfristigen Zielen und Szenarien arbeitet – muss sich mit Megatrends auseinandersetzen können und konkrete Ableitungen für das jeweilige Unternehmen abschätzen und formulieren können. Das soll anhand eines Themas geübt werden.
2. HR Module sollten als Querschnittsfunktion betrachtet werden. Zu den Themen aus dem General Management wie z.B. Führungstheorien, Strategisches Management, Arbeitsrecht oder Marketing sollten inhaltliche Brücken gebaut werden, die sich von den Kernfragen leiten lassen: Was bedeutet dies in der People Dimension? Welche Auswirkungen hat es auf das HRM? Welche Bedingungen müssen erfüllt sein, damit HR handeln kann? Was kann ein professionelles HRM zum Erfolg beitragen?
3. Es muss ein fachlicher Überblick geschaffen werden über zentrale Prozesse und Governance Lösungen von internationalen Unternehmen (Bsp. die unterschiedlichen Stellenbewertungssysteme von Mercer oder Hays; Vgl. I-1).Hier ist Expertenwissen mit konkreten Unternehmensbeispielen gefragt.
4. Speziellere Arbeitsrechtkompetenz (z.B. bei Themen wie Werksschließung, Zusammenlegung oder Sanierung von Geschäftsfeldern ,Vgl. I-1) statt allgemeine Arbeitsrechtsthemen. Diese Fälle wie z.B. Werksschließung müssen einmal komplett unter Anleitung von Experten durchgespielt werden.

4.3.1.2 Methoden

Der Begriff Methoden wird vom Autor im doppelten Sinne gebraucht.

1. Welche Methoden sollen im Studium zum Einsatz kommen, damit der größtmögliche Lerneffekt und Lerntransfer gesichert ist? (Methodik)
2. Welche Methoden werden im modernen HRM angewendet? Welche gibt es darüber hinaus? Welche Methoden eignen sich in welchen typischen Situationen? (Didaktik)

Ad 1) Der Autor empfiehlt folgende Methoden für gesteigerten Lerneffekt bzw. Lerntransfer.

- Einsatz von Planspielen – sie fördern vernetztes Denken und den Umgang mit Komplexität. In der Gruppe werden Daten gesammelt, Hypothesen über Wirkmechanismen, Regelkreise und Effekte aufgestellt, Szenarien werden durchgespielt und Entscheidungen gemeinsam ausgehandelt. Folgende Planspiele machen Sinn: Marga®, Ecopolicy®, Utopia® und ganz besonders Heraklit®, welches speziell für HR Themen anwendbar ist. Insbesondere empfiehlt er den Einsatz zu Beginn des Studiums (Prätest) und schließlich als Studienabschluss erneut ein Planspiel (Postmessung). Dadurch kann eine Form der Evaluation stattfinden.
- Kollegiale Fallberatung, um zu lernen, wie die Ressourcen der Gruppe sinnvoll genutzt werden kann
- Moderationsmethoden, Visualisierungstechniken, Rollenspiele, um den action-learning Ansatz zu verfolgen

Ad 2) Der Autor empfiehlt die Vermittlung folgender klassischer Werkzeuge:

- Change Management und Beratungsinstrumente
- Projektmanagement und Prozessmanagement
- OE und PE Instrumente (Analyse – Intervention – Evaluation)
- Analyse Tools und Strategische Tools
- Kreativitätstechniken und Moderationsmethoden

Hierbei lassen sich Überschneidungen der Werkzeuge nicht vermeiden. Dabei empfiehlt der Autor, lieber weniger Methoden aus zu wählen, diese dann aber gründlicher zu nutzen. Vor allem sind das Bewusstsein und die

Unterscheidungsfähigkeit wichtig, wann welche Methode sinnvoll einzusetzen ist, das muss an typischen aber auch an zukünftig relevanten Unternehmensthemen orientiert sein.

4.3.1.3 Persönlichkeit

Die Untersuchungsergebnisse haben deutlich gemacht, dass den Persönlichkeitseigenschaften von HR BP eine wesentliche Rolle zukommt. Im Theorieabschnitt dieser Untersuchung hat der Autor darauf verwiesen, dass ab 2008 bei Ulrich die Glaubwürdigkeit der Personaler durch seine Persönlichkeit bestimmt wird. Entscheidend ist dabei das Handeln als „glaubwürdiger Macher" durch integre Zielerreichung, transparentes Handeln, vertrauensvolle Beziehungen, klare Standpunkte.

Ohne die Ausführungen aus dieser Untersuchung zu wiederholen, sollen Ableitungen für einen General Management Studiengang gezogen werden.

Der ideale HR BP ist eher extrovertiert, ein Netzwerker, guter Kommunikator und Zuhörer mit einer Hands-on-Mentalität; er ist belastbar, proaktiv und reflektiert.

Diese Eigenschaften sollen gefördert werden.

Das kann geschehen durch aktivierende Methoden und stetem Umgang mit sozialen Situationen. Soziale Kompetenzen können nur in sozialen Situationen entwickelt werden. Diese gilt es zu fördern und mit den Methoden und Inhalten des Studiengangs sinnvoll kombinieren. Der Autor schlägt den Einsatz folgender Settings und Methoden vor:

- Bildung von Netzwerken und selbst organisierter Lerngruppen
- Gruppendiskussionen, Workshop Situationen und Arbeit in Kleingruppen
- Outdoor Trainings und Teamentwicklung
- Kollegialer Fallberatung und Supervision
- Regelmäßige und ehrliche gegenseitige Feedbacks
- Gruppendynamischen Aktivitäten und Planspiele
- Open Space oder Großgruppen Erfahrungen
- Einsatz von Persönlichkeitstests oder Umgang mit Typologien
- Erleben und Reflektion von Führung und Coaching

4.3.2 Personal Berater

Aus den Ergebnissen der Gruppe II lassen sich zwei Aspekte besonders herausstreichen. Allen Personal Beratern war es ein dringendes Anliegen, die Hauptbotschaft, den Wertschöpfungsbeitrag, zu vermitteln. Dies soll im Punkt „ Mindset schärfen" vertieft werden.

Diese Gruppe hatte das differenzierteste Strategieverständnis – daher sollen hieraus Handlungsempfehlungen entwickelt werden.

Alle Personal Berater unterstützen den HR Transformationsprozess und alle sahen ein, dass Trainings und Workshops z.B. zur Kompetenzprofilbeschreibung sinnvoll sind, aber auch nicht ausreichen, um in die Köpfe und Herzen der Mitarbeiter verankert zu werden.

4.3.2.1 Mindset schärfen

Unter Mindset wird in diesem Zusammenhang die wertschöpfende Einstellung zum Unternehmenserfolg verstanden. Jede Handlung von Personalmanagern sollte aus dieser Haltung heraus geschehen. Hilfreich erscheinen dem Autor dabei die in der Einleitung erwähnten Grundanforderungen von Organisationen: Leistung, Kooperation und Lernen und den sechs korrespondierenden Grundfunktionen oder aber auch die Abbildungen 3 und 4 dieser Untersuchung[56]. Sie bieten dem Personalmanager einen guten Orientierungsrahmen zur eigenen Verortung.

Scheinbar liegt es in der deutschen Struktur und Kultur verankert, schnell effiziente Organisationsmuster zu entwickeln, die klar strukturiert sind und in denen Prozesse und Regularien standardisiert beschrieben werden. Dieser Versuchung gilt es zu widerstehen, wenn nicht zuvor sichergestellt werden kann, dass alle Beteiligten aus dem gleichen geistigen Verständnis heraus agieren. Wenn Struktur, Hierarchie und Regel vorherrscht, dann fehlt Kreativität, Flexibilität und Vielfalt. Letztere jedoch sind in einer sich immer schneller wandelnden Umwelt überlebenswichtig.

Der Autor ist überzeugt, dass dies die Personal Berater erkannt haben und deshalb immer wieder die Haltung, die zu einer Wertschöpfung des Unternehmens beitragen will, betonen. Es bedarf Mut, als Berater den Finger in die Wunde zulegen. Sie erleben täglich die unterschiedlichsten Unternehmenswelten und erleben sehr oft, dass Anspruch und Wirklichkeit häufig weit auseinander klafft. Sie erleben Personalmanager, die von sich behaupten, wertschöpfend zu sein – doch in Wirklichkeit sind sie es nicht. Hier bedarf es diplomatisches Geschick.

[56] Anm. des Autors: Wertschöpfungskette nach Porter kombiniert mit SOS Modell von Wild

Der Mindset kann geschärft werden durch ganz einfache Fragen.

Was ist unser Hauptgeschäft? Was brauchen meine Kunden? Was ist die Wertschöpfung meiner Business Unit? meiner Abteilung? Meiner Tätigkeit? Was kann ich tun, um meine Abteilung, meine Business Unit, mein Unternehmen wertschöpfend zu unterstützen? Woran messe ich den Erfolg meiner Arbeit? Woran messen sie Andere?

Diese Fragen nicht unbeantwortet zu lassen, muss die Triebfeder des Personal Beraters sein. Die Empfehlung, die der Autor aussprechen will ist: mutig und beharrlich zu sein. Der Personal Berater sollte Berater und Zeuge sein für das Stellen und Beantworten von „einfachen" Fragen.

4.3.2.2 Strategieverständnis klären

Die Gruppe der Personal Berater hat am kontroversesten und differenziertesten über Strategiefähigkeit diskutiert. Im Kapitel 5.1.1 wird der Autor kurz auf die beiden Strategielinien Lineares versus Adaptives Modell eingehen.

Es hilft zur Sensibilisierung für das jeweils im Unternehmen vorherrschende Strategieverständnis. Personal Berater sollten diese Sensibilität mitbringen und erkennen können, innerhalb welcher Unternehmenskultur sie welchen Beratungsansatz wählen wollen. Nach Auffassung des Autors bedingen sich beide Ansätze, haben Vorteile aber auch Grenzen. Der Grad der Strukturierung, die Auswahl und das mehr oder weniger sinnvolle Nutzen von Strategieinstrumenten haben erheblichen Anteil auf strategische Ergebnisse. Man kann z.B. dafür sorgen, dass eine SWOT oder Portfolioanalyse durchgeführt wird (= Auswahl der Instrumente); man kann z.B. im Projektmanagement Meilensteine bis in den letzten Prozess ausdifferenzieren (= Grad der Strukturierung) – aber die Vorteile und Grenzen sollten stets transparent gemacht, Transaktionskosten sollten stets bedacht werden, damit eine klare Entscheidung getroffen werden kann. Dabei können Personal Berater helfen – und nicht, wie es häufig geschieht, immer nur eine Methode oder ein Projektdesign auf alle Unternehmen überstülpen.

Des Weiteren können Personal Berater dabei helfen, den Begriff des Strategischen zu entmystifizieren und Unternehmen auf ihre teilweise sinnentleerten Strategie- Rituale hinweisen. Wenn Strategie bloß auf eine jährliche Klausurkultur reduziert wird, die immer nach dem gleichen Muster/Prozess abläuft, dann sollten Personal Berater gegensteuern. Sie sollen auf jeden Fall nicht den Begriff des Strategischen nur als politische Aufwertungsfloskel missbrauchen, sondern proaktiv dabei helfen, strategisches, vernetztes, mehrdimensionales , konzeptionelles, strukturiertes und dennoch flexibles Denken und Handeln zu fördern.

4.3.3 Unternehmen

Der Autor will auf das Buch von Dave Ulrich hinweisen und es somit zur Lektüre empfehlen: „HR Transformation: Building HR from the Outside In“[57]. Darin beschreibt Ulrich typische Fehler, schlägt vier sinnvolle Transformationsphasen vor.

Phase I: Warum? –Business Kontext

Wie sieht die wirtschaftliche Situation aus, die eine HR Transformation erfordert?

Phase II: Was? – Ergebnisse

Was ist hinterher anders, wenn wir in HR Transformation investieren?

Phase III: Wie? – HR Re-Design

Wie wird HR verändert bzgl. Struktur, Abläufe, Mitarbeiter?

Phase IV: Wer? – HR Verantwortung

Wer sollte die HR Transformation verantworten?

Seine Handlungsempfehlungen bieten eine gute Struktur für die erfolgreiche HR Transformation.

4.3.3.1 Lerntransfer sichern

Die Untersuchungsergebnisse dieser Arbeit machen deutlich, dass insbesondere bei den HR BP regional (Gruppe IV) ein Bedarf an Orientierung, an Professionalisierung und damit Weiterbildung herrscht. Sie werden mit neuen Herausforderungen und vor allem Erwartungen konfrontiert, die sie nicht immer erfüllen können.

Kompetenzen können sich nur an der neu gestellten Aufgabe entwickeln. Hier gilt es, als Unternehmen entsprechende Rahmenbedingungen zur Verfügung zu stellen, wie etwa Projektmanagement Weiterbildungen oder die organisationale Verankerung in entsprechende Entscheidungsgremien. Wenn jedoch nur Etikettenschwindel betrieben, wenn bei den Mitarbeitern das Gefühl „ alles bleibt wie zuvor, nur der Name ist neu“ entsteht, dann ist Frustrationen vorprogrammiert.

[57] Vgl. Ulrich, D et al.,2009

Einige Unternehmen haben zwar Weiterbildungsprogramme gestartet, doch sind die meisten aufgrund von Prioritätenverschiebungen, insbesondere in der Wirtschaftskrise 2009, wieder aufgegeben worden. Sie sind weder nachhaltig, noch sinnvoll. Stattdessen werden Erwartungshaltungen und Frustrationen auf beiden Seiten produziert. Sinnvoll wäre stattdessen auf langfristige und in den Berufsalltag zu integrierende kleine Impulse zu setzen. An der wertschöpfenden Geisteshaltung ist zu arbeiten, statt mit teuren Hochglanzprojekten mit namhaften Experten Prestige zu vermitteln.

Der Lerntransfer muss gesichert sein. Das kann auf mehreren Ebenen stattfinden. Ein zweitägiger Workshop zur Rollendefinition des HR BP reicht als erster Impuls, doch sollte im PE-Design eine kontinuierliche Begleitung durch Follow-up Maßnahmen bezogen auf die Lerninhalte geplant und auch ins Budget integriert werden. Die Aufmerksamkeit muss also in die Follow-up Maßnahmen investiert werden, die etwa durch Methoden wie kollegiale Fallberatung, Mentor/Tandem Systeme, Coaching oder regelmäßigen Feedbackgesprächen geleistet werden können.

Wenn keine organisationale Verankerung stattfindet, wenn keine neue Aufgabe mit entsprechendem Erfolgskriterium und Feedback zur Verfügung gestellt wird, wenn dem Lerntransfer in der Workshoparchitektur zu wenig Beachtung geschenkt, dann sollten sich die Unternehmen die Kosten für teure Weiterbildungen sparen.

4.4 Ergebnisse in der Übersicht

Nachdem die Ergebnisse der einzelnen Gruppen I bis V dargestellt wurden, will der Autor versuchen, die Kernthemen in eine Übersicht zu gestalten.

Ein erster Ansatz besteht in der Synthese der Kernzitate der jeweiligen Gruppen. Sie spiegeln nach Ansicht des Autors die Kernthesen der Interviewpartner wider. Aus diesen Kernzitaten Gruppen I bis V lässt sich eine Verschmelzung aus den Hauptbegriffen vorstellen, die variantenreich zusammengesetzt wird und dadurch eine neue Definition eines HR BP ergäbe. Der Autor schlägt als Gedankenexperiment zwei Varianten vor:

„Ein HR Business Partner ist…

ein belastbarer und gut geerdeter General Manager, der mit seiner internalisierten Geisteshaltung und hohen Abstraktionsfähigkeit, gemeinsam mit dem verantwortlichen Manager die Personalthemen proaktiv regelt, klärt und steuert. Dadurch unterstützt er das Management und trägt zur Wertschöpfung des Unternehmens bei."

„Ein HR Business Partner ist...

ein General Manager, der wegen seiner internalisierten Geisteshaltung und guten Erdung und dank seiner hohen Abstraktionsfähigkeit und Belastbarkeit, proaktiv die Personalthemen für und mit dem verantwortlichen Manager gemeinsam regelt, klärt und steuert. Dadurch trägt er zur Wertschöpfung des Unternehmens bei."

Diese Varianten erheben keinen wissenschaftlichen Anspruch. Und dennoch kommt man mit dieser Methode dem Verständnis der Gruppen I-V für einen HR BP in Summe recht nahe.

Gruppe	Motto – Überschrift - Kernzitate
I	*„Das HR BP Kompetenzprofil entspricht einer **General Management** Funktion".*
II	*„Kernpunkt des HR Business Partners ist, dass er zur **Wertschöpfung** des Unternehmens **beiträgt**. Dass er schaut, wie kann man das Unternehmen voranbringen?"* *„Es geht nicht um Organisation, sondern um die **Geisteshaltung**, um den Mindset. Der HR BP sollte am meisten diese Haltung **internalisiert** haben und soll diese Haltung in seine Mannschaft treiben."*
III	*„Mit den Füßen im Dreck und mit dem Kopf über den Wolken" – man darf die **Erdung** auf keinen Fall verlieren."* *„Die Business Partner, die gescheitert sind, sind im Wesentlichen an zwei Dingen gescheitert: Erstens, sie sind gescheitert am mangelnden **Abstraktionsvermögen**. Und der zweite Punkt ist das Persönlichkeitsmerkmal: **Belastbarkeit**. Sie müssen, unter massivem Druck, Entscheidungen treffen, die der Linie nicht passen."*
IV	*„Was wir leisten müssen als HR BP, ist zu **verstehen**, wo ist der **Schmerz** vom Management"*
V	*„Das verstehe ich unter einem HR Business Partner: der macht mehr, als nur auf Zuruf auf einzelne Personalprobleme einzugehen, sondern er **klärt**, **regelt** und **steuert*** proaktiv ***mit dem Manager** oder Bereichsleiter **zusammen**, die **Personalthemen** im großen und im kleinen."*

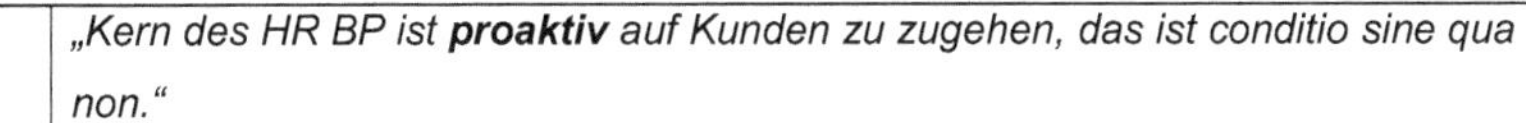

	„Kern des HR BP ist ***proaktiv*** *auf Kunden zu zugehen, das ist conditio sine qua non."*

Tabelle 15: Kernzitate in der Übersicht

Der zweite Ansatz besteht darin, sich zusammenfassend die Beantwortung der drei Kernforschungsfragen anzuschauen.

HR BP Kompetenzprofil allgemein

Alle Gruppen verfügen über Kompetenzprofile für HR BP. Die Formulierungen dieser waren in den HR Transformationsprozessen stets der erste Schritt. Diese Formulierungen bedienen sich in der Regel sowohl aus den vorhandenen Modellen der Literatur, als auch aus Unternehmensspezifischen Anforderungen. Die Gemeinsamkeit lässt sich am besten durch die prägnante Formel von Claßen und Kern beschreiben:

HR Business Partner = beherrscht HR + kennt das Business + ist Partner

Der eigentliche Apell von Dave Ulrich, einen erkennbaren Beitrag zur Wertschöpfung des Unternehmens beizutragen, kam allerdings bei den wenigsten HR BP Vertretern an.

Offensichtlich wurde auch, dass neben einem (Fach-und Methoden-)Kompetenzkatalog den Persönlichkeitseigenschaften eine immer größere Rolle für die erfolgreiche Ausübung der HR BP Rolle zugesprochen wird. Stellvertretend seien hier Extrovertiertheit und Hands-on-Mentalität genannt. Gefragt ist eher der proaktive Macher.

Bedeutung der Strategiefähigkeit für HR BP

Die Relevanz der Strategiefähigkeit wird von der Hochschulvertretern und Personal Berater eher hoch und bei den HR BP eher niedrig eingeschätzt. Dies mag mit den real erlebten Erfahrungen der mühseligen Transformationsprozesse zusammen hängen, kann aber auch ein Indiz für die herrschende Unternehmenskultur der befragten Interviewpartner sein. Letztlich lassen sich diese beiden Aspekte kaum voneinander trennen. Den wenigsten HR BP Beteiligten liegt ein differenziertes Strategieverständnis zugrunde, weil sie weder darin ausgebildet sind, noch in Situationen sich befinden, wo diese Fähigkeit abverlangt wird. Anders ist dies bei den globalen Partnern. Doch da es wesentlich mehr regionale statt globale HR BP gibt, kann – im Rahmen dieser begrenzt auswertbaren wissenschaftlichen Daten - die These 1: „HR ist strategisch (noch) nicht ausgebildet." als bestätigt betrachtet werden. Die These 2: „Wenn HR seine Strategiekompetenz durch Ausbildung erhöht, dann steigt die Akzeptanz des Kunden als Business Partner." konnte aufgrund der unterschiedlich eingeschätzten Relevanz von Strategiekompetenz weder als bestätigt, noch als falsifiziert betrachtet werden.

Chancen externer HR BP Aus- und Weiterbildungen

Eine einstimmige und deutliche Antwort bekam der Autor bei der Frage nach externer Aus- und Weiterbildung zum HR BP. Es wurde klar, dass in einem Studium nur mehr oder weniger gute Grundlagen für die erfolgreiche Ausübung der Rolle HR BP gesetzt werden können. Die eigentliche Ausbildung findet on the job im jeweiligen Unternehmenskontext statt.

Zu den besseren Grundlagen zählt zweifelsohne eine General Management Ausbildung, etwa durch einen MBA Studiengang. Dieser sollte die Tugenden eines General Managers gepaart mit der Vermittlung des Wertschöpfungsorientierten HRM lehren. Von speziell auf HR Themen konzentrierten MBA Programmen und vor allem von HR Master-studiengängen wurde eindeutig abgeraten – zumindest für die Management Position des strategisch wirksamen HR Business Partner.

5 Diskussion

In diesem Abschnitt werden mittels vier kurzer Nach-Überlegungen, die Forschungsfragen und Untersuchungsergebnisse in einem erweiterten Kontext diskutiert. Dessen Vertiefung allerdings würde den Rahmen dieser Arbeit sprengen.

5.1 Vier Nachüberlegungen

Korrespondierend zur Einleitung, möchte der Autor vier Nach-Überlegungen anstellen.

Der Autor ist in seiner ersten Nach-Überlegung überzeugt, dass das zugrunde liegende Strategieverständnis einen gravierenden Einfluss auf die Wahrnehmung und Einschätzung von Strategiefähigkeit hat. Wenn diese durch die Organisation beurteilt werden soll, muss das – häufig unbewusste – Strategieverständnis transparent gemacht werden.

Die Interviewpartner fordern vernetztes Denken und eine Mehrdimensionale Wahrnehmung als Grundlage guter Strategiefähigkeit. Woher dieser Anspruch seine Wurzeln hat, versucht die zweite Nach-Überlegung in aller Kürze zu skizzieren.

Die Ergebnisse zeigen, dass HR BP mit einer Fülle von Ansprüchen, Erwartungen und vor allem auch widersprüchlichen Zielen konfrontiert sind. Hierzu finden sich einige Gedanken des Autors in der dritten Nach-Überlegung.

Wie auch schon die HR Image Studie 2011 gezeigt hat, haben Führungskräfte kein Interesse an Proaktivität der HR BP – sie erzeugen Reaktivität. Dazu einige Gedanken in der vierten Nach-Überlegung.

5.1.1 Linear versus Adaptiv

Wenn in einer Untersuchung stets von Strategie und der Strategiefähigkeit die Rede ist, dann soll im Rahmen der Diskussion ein kleiner Ausflug in die Welt der Strategiemodelle gestattet sein. Der Autor beschränkt sich auf grundsätzliche Überlegungen und verweist auf zwei dichotome Strategielinien[58] : das lineare und das adaptive Modell.

[58] Vgl. Wiechmann, T.,2008

„Würde man heute auf der Straße eine Umfrage durchführen, was Strategie sei, so würden die meisten Menschen vermutlich antworten, eine Strategie sei entweder ein Plan oder ein Konzept, um bestimmte Ziele zu erreichen. Oder man bekäme in Anlehnung an Clausewitz die Antwort, eine Strategie enthielte langfristige Grundsatzentscheidungen und die kurzfristige Taktik diene ihrer Umsetzung. Befragte man Unternehmensberater, würde die Antwort möglicherweise lauten, strategische Planung sei ein formalisierter Prozess, um Ziele und Mittel zu bestimmen, die es einem Unternehmen erlauben, sich erfolgreich in seiner Umwelt zu positionieren. In der Spieltheorie wird unter einer Strategie wiederum eine vollständige Handlungsanweisung für einen Spieler verstanden, die alle denkbaren Spielsituationen berücksichtigt. All diese Antworten sind in ihrem Kontext richtig und greifen doch zu kurz. Strategien bedeuten in unterschiedlichen Zusammenhängen offensichtlich etwas Unterschiedliches.“[59]

Generell liefern Strategien vereinfachende Konzepte. Nach Healey[60] organisieren sie das Denken über Themen. Sie geben Prioritäten an und sagen warum. Sie liefern Bezugspunkte, an denen sich Akteure in bestimmten Situationen orientieren können. Von Strategien wird erwartet, dass sie Komplexität reduzieren und konsistentes Verhalten fördern. Sie sollen die großen Fragen lösen und die handelnden Akteure entlasten, damit diese sich auf konkrete Handlungen und Routinen konzentrieren können[61]. Strategien können sich sowohl in Leitbildern und Visionen als auch in übergeordneten Zielkatalogen, Programmen und Plänen sowie in konkreten Projekten und einzelnen Handlungen manifestieren.

Prämissen von zwei Strategielinien	
Linear	Adaptiv
Strategiefindung ist ein bewusster Entscheidungsprozess rational handelnder Akteure, der gesteuert werden muss.	Monokausales Ursache-Wirkung- bzw. Ziel-Mittel-Denken wird den Interdependenzen in komplexen Systemen nicht gerecht.
Strategien müssen auf einer umfassenden Analyse aufbauen	Eine bewusste Kontrolle der komplexen realen Umwelt ist ausgeschlossen
Die aus dem Entscheidungsprozess hervorgehenden Strategien sind explizit und vollständig zu formulieren.	Strategieentwicklung muss die Form eines Prozesses annehmen, in der Formulierung und Umsetzung letzten Endes nicht unterschieden werden können.
Die Verantwortung für die Strategie-formulierung liegt beim Strategen, der	Strategieentwicklung erfolgt nicht Top down, sondern durch kollektives Lernen

[59] Vgl. Wiechmann,T.,2008
[60] Vgl. Healey, (2006), S.244
[61] Vgl. Mintzberg, H., (1999), S. 31

als Führungskraft ‚oben' in der Organisations-hierarchie angesiedelt ist und den Prozess kontrolliert. (Top-Down)	und Anpassen.(Botton-Up)
Im letzten Arbeitsschritt wird die Strategie umgesetzt.	Aufgabe des Strategen ist es nicht, bewusste Strategien zu konzipieren, sondern den Prozess des strategischen Lernens so zu gestalten, dass neue Strategien entstehen können.

Tabelle 16: Prämissen von zwei Strategielinien

In Tab. 15 hat der Autor eine Gegenüberstellung der jeweiligen Prämissen dieser Strategielinien entworfen. Entscheidend sind für ihn zwei Aspekte: die Unterschiede zwischen Top-Down versus Bottom Up und die Überzeugung einer umfassenden Analyse versus dem Verständnis der Grenzen der Umweltkontrolle.

Die positivistische Forschungstradition des linearen Strategiemodells ist präskriptiver Natur. Sie versteht Strategieentwicklung als einen rationalen, Analyse basierten Planungsprozess, der Top-down gesteuert wird.

Der adaptive Ansatz baut hingegen auf der tatsächlich beobachteten Emergenz von Strategien auf und betont die begrenzte Rationalität einer Vielzahl oft spontan handelnder Akteure.

Die Schlüsselfrage strategischer Planungsprozesse lautet: Wie weit kann und soll in dynamischen Umwelten langfristig geplant werden?

Damit wird grundsätzlich die Frage gestellt, wann und inwieweit eine formalisierte Planung für eine Organisation sinnvoll ist bzw. welche Rolle strategische Planung in strategischen Entscheidungsprozessen spielen kann und soll.

Die Definition für den linearen Ansatz von Chandler lautet: "Strategy is the determination of the basic long-term goals of an enterprise, and the adoption of courses of action and the allocation of resources necessary for carrying out these goals".

Die bekanntesten Protagonisten sind Vertreter der führenden amerikanischen Business Schools: Igor Ansoff, Kenneth Andrews, Alfred D. Chandler und Michael E. Porter.

Der Autor will in aller Kürze stichwortartig die Gegenbewegung und ihre Protagonisten nennen: Früh kritisierten Karl Popper und Herbert Simon diesen linearen Ansatz.[62]

Simon bemerkt: Die Zahl der Alternativen ist prinzipiell unendlich und die Kosten der Informationsgewinnung übersteigen schnell die Vorteile rationaler Entscheidungen.

"Successful problem solving involves searching the maze selectively and reducing it to manageable solutions."

Das menschliche Denken ist weit weniger komplex als die Umwelt, die es zu modellieren versucht. Problemlösung wird für Simon daher zu einer Suche in der Umwelt, die einen riesigen Irrgarten der Möglichkeiten darstellen.

An dieser Stelle soll diese Nach-Überlegung genügen. Dem Autor war wichtig darzustellen, dass das Strategieverständnis entscheidenden Einfluss auf die Wahl der Strategiewerkzeuge, auf den gesamten Strategieprozess und auf deren Ergebnisse hat.

Der Autor ist überzeugt, wenn es dem HR BP gelingt, auch adaptive Strategiekonzepte einzuführen, die mehr das organisationale Lernen in den Vordergrund stellen, dann wird er sicherlich einen wertvollen Beitrag zur Wertschöpfung leisten.

5.1.2 Von Dave zu Hans Ulrich

In aller Kürze skizziert der Autor einen Managementansatz, der einen gravierenden Einfluss auf das Verständnis von modernem HR Management hat. Er ist überzeugt, dass dieser „ganzheitliche Blick“[63] auf Organisationen notwendig ist, wenn die strategische Ausrichtung von HR Managern langfristig erfolgreich sein will. Dafür ist ein grundlegendes Verständnis von Komplexität, Dynamik und Einflussgrößen notwendige Voraussetzung.

Hans Ulrich gilt als Begründer und führender Vertreter der "systemorientierten Managementlehre". Im Jahr 1968 erschien sein Buch "Die Unternehmung als produktives soziales System" und begründete damit eine neue Richtung in der betriebswirtschaftlichen Forschung und Lehre. Diese unterscheidet sich in mehrfacher Hinsicht von der klassischen Betriebswirtschaftslehre:

---

[62] In diesem Zusammenhang soll auch auf die Schriften von Henry Mintzberg verwiesen werden. z.B. Strategy Safari, 1999

[63] Vgl.Ulrich,H./ Probst,G.(1988): Anleitung zum ganzheitlichen Denken und Handeln.

Grundlegend ist die Verwendung des sogenannten "Systemansatzes" d.h. die Abstützung auf Erkenntnisse von Systemtheorie und Kybernetik. Unternehmungen werden damit nicht ausschließlich als "Wirtschaftssubjekte" betrachtet, sondern als ziel- und zweckgerichtete, gesellschaftliche Institutionen, die die Eigenschaften dynamischer und komplexer Systeme aufweisen und selbst in eine entsprechend vielschichtige Umwelt eingegliedert sind.

Aus der systemtheoretisch-kybernetischen Sicht ergibt sich ein neues Verständnis für die Führung oder das Management von Unternehmungen. Management wird als Gestalten, Lenken und Entwickeln solcher Systeme aufgefasst, wobei die entsprechenden Handlungen stets Eingriffe in dynamische, komplexe und vernetzte Situationen bedeuten. Manager werden in erster Linie als Problemlöser aufgefasst, die sich mit ausgesprochen schwierigen, komplexen Problemsituationen befassen müssen.

Kennzeichnend für das Werk von Hans Ulrich ist die Ausweitung von einer eindimensionalen, ausschließlich ökonomischen Betrachtungsweise zu einer vieldimensionalen Erfassung multipler Aspekte der Organisationen:

- die Betrachtung der Unternehmen als ein prinzipiell offenes, soziales System
- die Einführung einer obersten, wertmäßigen Führungsebene (normatives Management) und damit auch die Öffnung für ethische Fragen der Führung
- die Öffnung für Erkenntnisse aus zahlreichen andern Wissenschaften, vor allem der modernen Naturwissenschaften
- die Ausweitung der herkömmlichen, rein analytischen Betrachtungsweise zu einer systemischen, integrierenden Denkweise

Der Autor ist überzeugt, dass wenn es einem HR BP gelingt, sich diese mehrdimensionale Brille der Komplexität und Dynamik aufzusetzen, dann gelingt ihm der Balanceakt zwischen Business und HRM, zwischen Zukunftsorientierung und Tagesgeschäft, zwischen Prozessorientierung und Mitarbeiterorientierung wesentlich besser. Das soll durch den Titel dieser Untersuchung angedeutet werden.

5.1.3 Gleichzeitigkeit

Als an den Hochschulen über die Umbenennung des MBA Studienganges von MBA: PE/OE zu MBA HRBP diskutiert wurde, waren dies die ersten Gedanken des Autors zu dieser Überlegung:

„Ist die Einführung des HR BP der Versuch, sich als Personaler, der ständig in Krisenzeiten auf der roten Streichliste zu stehen droht, politisch ein besseres Image zu verleihen? Ist der Ruf nach größerem Beitrag zur Wertschöpfung nicht Ausdruck des sich vom Business entfernenden Personalwesens? Ist die Titulierung als Business Partner nicht Ausdruck eines Minderwertigkeitsgefühls? Hilft der eingeführte Titel dem Personaler oder schadet er nicht viel mehr?"

In der Arbeit wurde deutlich, dass die strategische Fähigkeit eines HR BP (noch) kein wesentliches Kriterium zur erfolgreichen Implementierung bildet, bzw. vom Kunden weder wahrgenommen noch erwünscht ist.

Dennoch, der vermehrte Ruf nach Strategie ist Ausdruck einer immer komplexer werdenden Umwelt. Komplexität bedeutet, dass Einflussgrößen immer schwerer kalkulierbar werden. Immer mehr und schneller müssen Entscheidungen unter Unsicherheit getroffen werden. Strategie unternimmt dabei den Versuch, Einflussgrößen zu erkennen (oder auch zu prognostizieren) und entsprechende Handlungsoptionen aufzumachen. Flexibilität wird dabei ein erfolgskritischer Faktor.

Für den Autor stellt sich die gegenwärtige Situation, überspitzt dargestellt, wie folgt dar:

Es besteht ein Anspruch der Organisationen an strategischer Kompetenz, bei gleichzeitiger Transformation der gesamten HR Organisation, bei gleichzeitigem neuen Rollenverständnis für HR, bei gleichzeitiger Notwendigkeit für effiziente HR Prozesse und Kostenersparnisse, bei gleichzeitiger Beweispflicht für nachvollziehbare und vor allem in Zahlen belegbare Beiträge zur Wertschöpfung und bei gleichzeitiger Unterordnung als professioneller Dienstleister. Gesucht wird der moderne HR Manager, der Stabilität und Flexibilität in eine Balance führt und der die People Dimension stellvertretend zum Erfolg führt.

Es verwundert den Autor daher nicht, dass dieser Anspruch in dieser Gleichzeitigkeit und Widersprüchlichkeit scheitern muss. Wenn jedoch der Faktor Zeit ausgedehnt wird und den (neuen) Aufgaben genug Aufmerksamkeit und Ressource geschenkt wird, ist der Autor überzeugt, dass– einen Beitrag zur Wertschöpfung durch strategische Kompetenz zu leisten – genau das richtige Ziel ist.

5.1.4 Wissen benötigt Aufgabe

Kompetenzen können nur durch Wissen an der gestellten Aufgabe entwickelt werden. Das bedeutet zweierlei: Erstens muss Wissen vorhanden sein und zweitens muss die Organisation die Aufgabe bzw. den Rahmen dafür bereitstellen, damit sich Kompetenz entwickeln kann.

Der erste Aspekt – Wissen – kann durch externe Ausbildungen vermittelt werden. Hier kann, wie die Ergebnisse bestätigen, ein MBA Studiengang, der sich gezielt und umfassend mit strategischen Themen beschäftigt, wertvolle Dienste leisten. Der zweite Aspekt hängt ab von der Notwendigkeit der Aufgaben und Bereitschaft der jeweiligen Organisation für entsprechende Rahmenbedingungen zu sorgen; sei es durch organisationale Verankerung und Befugnisse oder durch frühzeitige Integration von Entscheidungsprozessen.

Diese Untersuchung hat gezeigt, dass die Fähigkeit, strategisch zu denken und zu handeln von vielen Faktoren abhängt. Auch macht diese Unterscheidung von Denken und Handeln durchaus Sinn. Es verwundert den Autor nicht, dass in den meisten Kompetenzprofilen eher vom Denken die Rede ist – denn dies verpflichtet die Unternehmen zunächst einmal nicht und lässt keine Rechte daraus ableiten.

Die Untersuchung zeigt aber auch, dass die bloße Anwendung von strategischen Methoden und Instrumenten nur teilweise zum Erfolg führen wird. Eine Person mit stark ausgeprägter Strategiefähigkeit wird sicherlich zu anderen (besseren) Ergebnissen gelangen, als eine Person mit schwacher Ausprägung; obwohl beide die gleichen gängigen Methoden und Instrumente nutzen. Wenn HR BP ihre Strategiefähigkeit weiter entwickeln wollen, dann müssen sie proaktiv Gelegenheiten suchen und selbst den passenden Rahmen schaffen. Dafür können Persönlichkeitseigenschaften wie ein extrovertierter Netzwerker und guter Kommunikator zu sein, sehr hilfreich sein.

Gelingen kann dies u.a. auch, wenn der Mintzberg Ansatz – „jeder Akteur kann strategisch wirken“[64] – stärker zur Geltung gebracht wird. Sollte aber die Strategiefähigkeit zu einer ausschließlichen Top Management Aufgabe erklärt werden, dann wird – so ist der Autor überzeugt – dem Unternehmen die notwendige Flexibilität zur Reaktion auf Marktbedürfnisse fehlen. Diese jedoch wird langfristig über das Überleben der Organisation entscheiden.

In diesen vier Nach-Überlegungen wollte der Autor deutlich machen, dass das zugrunde liegende Strategieverständnis sowie die Unternehmenskultur einen gravierenden Einfluss auf die Wahrnehmung, Beurteilung und Bewertung der

[64] Vgl. Mintzberg,H. et al.,1999: Strategy Safari

Relevanz von Strategiefähigkeit der HR BP hat. Sämtliche Empfehlungen, etablierten Strategiewerkzeuge, Unternehmensvertreter aus großen – und damit auch eher starren und stark hierarchischen - Unternehmen können nach Ansicht des Autors eher der linearen Strategielinie zugeordnet werden.

Vielleicht liegt die Verzerrung der beurteilten Relevanz von Strategiefähigkeit an der Tatsache, dass nur große bis sehr große Unternehmen untersucht wurden. Denn nur hier (man spricht von Unternehmen ab mindestens 2.000 Mitarbeitern und einer Betreuungsquote von mindestens 1:100) macht die Einführung des HR BP Modells in seinen Ausdifferenzierungen der Rollen wirklichen Sinn. Vielleicht stimmt die Formel: je größer das Unternehmen, je starrer die organisationale Struktur desto wahrscheinlicher ist es, dass Strategie nur über Top-down vom Top Management bestimmt werden soll.

Aus diesem Blickwinkel heraus, wäre verständlich, warum der Widerstand der Führungskräfte gegen die sogenannten Strategic HR Partner so groß ist. Schließlich bildet, aus ihrer Sicht, der Begriff, der Habitus und der Mythos des Strategen das Privileg des Top Managements.

Selbstkritisch muss der Autor hier aber auch anmerken, dass die Relevanz vielleicht auch tatsächlich in der Literatur und von seinem eigenen Verständnis heraus überschätzt wird.

Das konnte im Rahmen dieser Untersuchung nicht abschließend geklärt werden.

Strategiefähigkeit gilt nicht nur für den HR Business Partner, sondern für jeden General Manager als Managementtugend. Aus dieser Perspektive wird daher verständlich, warum die Vertreter der Hochschulen, den HR BP als General Manager betrachten. Nur wenn sich der HR BP diese Managementtugend zu Eigen macht, kann er sich dem Linienmanager als Partner erweisen und sich auf gleicher Augenhöhe bewegen.

5.2 Weitere Forschungsempfehlungen

Der Autor bleibt überzeugt, dass das Merkmal „Strategiefähigkeit" zu einem wesentlichen Auswahlkriterium für zukünftige HR BP gelten sollte. Die Strategiefähigkeit setzt sich aus einem Bündel von verschiedenen Kompetenzen und Persönlichkeitseigenschaften zusammen. Diese zu beschreiben war ein wesentlicher Bestandteil dieser Arbeit. Diese zu messen und zu beurteilen wird ein zukünftiges Forschungsfeld bleiben.

Der Autor schlägt zur Diagnostik ein spezifisches Strategie Assessment Center vor, welches sowohl die Kompetenzen, als auch die Persönlichkeitseigenschaften valide messen soll. Da es sich bei der Strategiefähigkeit um ein Bündel von Kompetenzen und Eigenschaften handelt, muss das Konstrukt „Strategiefähigkeit" wissenschaftlich sauber erstellt werden. Darauf aufbauend müssen geeignete Methoden in ein auch pragmatisches und relativ objektiv durchführbares und auswertbares Design übertragen werden. Dem Autor ist bewusst, dass dies ein umfangreiches Unterfangen sein wird und dass vor allem das AC Design flexibel auf die jeweiligen Unternehmensbedürfnisse maßgeschneidert werden muss. Um dies zu gewährleisten sollte zuvor jedoch das dem Unternehmen zugrunde liegende Strategieverständnis transparent gemacht werden.

Das wäre somit ein zweites Forschungsvorhaben. Durch welche Methoden kann man das zugrunde liegende Strategieverständnis valide transparent machen? Der Blick auf eingesetzte Projektmanagement Instrumente oder verwendeter Strategietools wie sie z.B. von den großen Strategieberatungsunternehmen eingesetzt werden, können wertvolle Hinweise liefern. Doch reichen diese Daten, nach Meinung des Autors, nicht aus, um valide Aussagen über das Strategieverständnis des Unternehmens zu machen. Er ist überzeugt, dass dies nicht nur für Organisationsentwickler, die Kulturanalysen erstellen, ein spannendes Thema ist.

Der Autor ist überzeugt, dass mit der Klärung dieser angeregten Forschungsvorhaben, ein wertvoller Schritt für Organisationen geleistet wäre, um in komplexen Situationen bessere Entscheidungen zu treffen.

6 Zusammenfassung

Anhand von 13 leitfadengestützten Interviews wollte der Autor ein Kompetenzprofil für einen HR BP aus drei Perspektiven beschreiben (Hochschulen, Personal Berater und HR Business Partner) und folgende Fragen beantworten:

Welche Relevanz hat die Strategiefähigkeit von HR BP? Kann eine externe Ausbildung einen Strategic Partner als HR BP in seiner Rolle unterstützen, einen wichtigen Beitrag zur Wertschöpfung von Unternehmen beizutragen?

Als kurzes Fazit kann gezogen werden:

Die Strategiefähigkeit hat momentan noch eher theoretische als praktische Relevanz für die meisten Interviewten. Diese Fähigkeit wurde aber von allen Befragten als wichtige zukünftige HR BP Kompetenz erkannt. Hier können General Management Studiengänge in doppelter Hinsicht die Strategiefähigkeit fördern: Einmal durch Anwendung von Instrumenten und Werkzeugen diverser Strategieschulen, sowie durch Förderung der notwendigen

Persönlichkeitseigenschaften. Dabei soll das vernetzte Denken und Handeln in komplexen Situationen im Zentrum der Ausbildung stehen.

Aus den Antworten sowie aus dem Abgleich mit der aktuellen HR Literatur wurden vom Autor anschließend Handlungsempfehlungen für diese Gruppen abgeleitet.

7 Literaturverzeichnis

1. Beck, Ch. & Bastians, F. (2011): HR Image Studie 2011: Die Personalabteilung – Fremd- und Eigenbild. Haufe Studien Reihe, Freiburg
2. Becker, L.(2000): Personalmanagement als Wertschöpfungskette: Systematisierung und organisatorische Gestaltung des Personalwesens, In: Krüger, W. (Hrgs.) Arbeitspapier 1/2000 OFP, Gießen
3. *Böhm, A. / Legewie, H. / Muhr, T. (1992):* Kursus Textinterpretation: Grounded Theory. *Berlin (Forschungsbericht Nr. 92-3 des Interdisziplinären Forschungsprojektes ATLAS der Technischen Universität Berlin)..*
4. Bortz,J./Döring,N.,(1995):Forschungsmethoden und Evaluation.Für Sozialwissenschaftler. 2.Aufl., Berlin
5. Claßen, M./Kern, D. (2010):HR Business Partner: Die Spielmacher des Personalmanagements, Luchterhand, Köln
6. Erpenbeck, J./von Rosenstiel, L.(2003): Handbuch Kompetenzmessung. Erkennen, verstehen und bewerten von Kompetenzen in der betrieblichen, pädagogischen und psychologischen Praxis, Stuttgart
7. Flick, U. (2002): Qualitative Sozialforschung: Eine Einführung; Rowohlt Taschenbuch Verlag, Hamburg
8. *Glaser,B.G./Strauss,A.L.(1965): Die Entdeckung gegenstandsbezogener Theorie: Eine Grundstrategie qualitativer Forschung. In:Hopf,C./Weingarten,E.(1979) Hrgs:Qualitative Sozialforschung, Stuttgart*
9. Gmür, M./Schwerdt, B. (2005): Der Beitrag des Personalmanagements zum Unternehmenserfolg. Eine Metaanalyse nach 20 Jahren Erfolgsfaktorenforschung; In *Zeitschrift für Personalforschung, 19. Jg., Heft 3*
10. *Healy,P.(2006):Urban Complexity and Spatial Strategies: a relational planning for our times, Routledge, London.*
11. Huselid, M. (1995): The Impact of Human Resource Management Practice on Turnover, Productivity, and Corporate Financial Performance, in: AMJ, Jg. 38, S. 635 – 672
12. *Kelle,U./Kluge.S.(1999):Vom Einzelfall zum Typus: Fallvergleich und Fallkontrastierung in der qualitativen Sozialforschung.*
13. Klimecki, R./Gmür, M. (2001): Personalmanagement, 2. Auflage, Stuttgart

14. Lamnek,S.(1995):Qualitative Sozialforschung: Bd. 2, Methoden und Techniken.3.Aufl. Weinheim
15. Lang-von Wins,T. & Triebel, C.(2003):Die Kompetenzbilanz- ein Verfahren zur Förderung eigenverantwortlichen Handelns?
16. Lattmann, C. (2003): Die Personalfunktion in der Unternehmung; In: Benz,P.(Hrgs.):Handbuch für die Personalarbeit, Hamburg
17. Lohmann,T./Görtz, E.,Hrgs (2010): PWC „Personalmanagement im Wandel: Eine Untersuchung zum HR Business Partner Modell, PWC
18. Martin, A. (2001):Personal – Theorie, Politik, Gestaltung; Kohlhammer,Stuttgart
19. Martin, A./Bartscher-Finzer, S. (2005): System- und Handlungstheoretische Überlegungen zur Führung von kleinen und mittleren Unternehmen. Schriften des Instituts für Mittelstandsforschung der Universität Lüneburg. Heft 31, Lüneburg
20. *Meuser,M./Nagel,U. (1991): ExpertInneninterviews - vielfach erprobt, wenig bedacht. Ein Beitrag zur Methodendiskussion. In: Garz,D./Kraimer,K. (Hrgs.): Qualitativ-empirische Sozialforschung. Konzepte, Methoden, Analysen. Opladen*
21. Mintzberg,H./ Ahlstrand,B./ und Lampel,J. (1999): Strategy Safari – eine Reise durch die Wildnis des strategischen Managements, Wien
22. Porter,M.E. (1985): Competitive Advantages: Creating and Sustaining Superior Performance; Free Press
23. *Ridder, H.G. (1999): Personalwirtschaftslehre, Stuttgart*
24. Steinke, (2000*):* Gütekriterien qualitativer Forschung. In: Flick, U., von Kardorff, E. &Steinke,I.(Hrgs.):Qualitative Forschung. Ein Handbuch, S.319-331. Reinbek b.Hamburg
25. Ulrich, D.(1997): Human Resource Champions: The next Agenda for Adding Value and Delivering Results; Harvard Business Press
26. *Ulrich, D./Allen,J./Brockbank,W./Younger,J./Nyman,M.(2009):* HR Transformation: Building HR from the Outside In. New York
27. Ulrich, D./Beatty, D. (2001):From Partners to Players: Extending the HR Playing Field. In: *Human Resource Management, Vol. 40, Nr. 4, S. 293–307*
28. Ulrich,H./ Probst,G.(1988): Anleitung zum ganzheitlichen Denken und Handeln. Ein Brevier für Führungskräfte. Bern

29. US Office of Personell Management (1999): Looking to the future: HR competencies; In: A occupation in transition, Washington DC
30. Weinert, F.E.(2001): Leistungsmessungen in Schulen, Weinheim
31. Wiechmann, T.(2008): Planung und Adaption. Strategieentwicklung in Regionen, Organisationen und Netzwerken, Dortmund
32. Wimmer, R. *(2001): Strukturwandel des Personalmanagements in der Wirtschaft. Neue Orientierung für das Personalwesen in der Schule?* In: Buchen,H. et.al.(Hrgs.): Personalführung und Schulentwicklung, Stuttgart
33. Wunderer, R. (1992): Von der Personaladministration zum Wertschöpfungscenter, in:DBW,52.Jg.,Nr.2/1992, S.201-215
34. *Wunderer, R./Dick, P.(2007): Personalmanagement – Quo Vadis: Analysen und Prognosen zu Entwicklungstrends, 5. Überarbeitete Auflage, Luchterhand, Köln*
35. *Wunderer*, R./*von Arx, S.*(2002): Personalmanagement als Wertschöpfungs-Center, 3.Auflage,Gabler Verlag

Printed by Books on Demand GmbH, Norderstedt / Germany